世界が土曜の夜の夢なら

ヤンキーと精神分析

斎藤 環

角川文庫
19277

目次

第一章　なぜ「ヤンキー」か

天皇とヤンキー

二〇〇九年十一月十二日。天皇陛下の即位二十年を祝う「国民祭典」が皇居前広場で催された。折しも強い北風が吹き、気温十二度という寒さの中、さまざまな式典の催しを楽しむ天皇・皇后両陛下の前で、この日のメインとも言うべき奉祝曲を披露したのは十四人組のボーカル&ダンス・ユニット、EXILEだった。

リーダーのHIROらがダンスを披露した後、ボーカルのATSUSHIとTAKAHIROが歌い上げたのは、岩代太郎《いわしろたろう》作曲、秋元康《あきもとやすし》作詞の御即位二十年奉祝曲・組曲「太陽の国」だ。天皇陛下は微笑を浮かべながら彼らの歌に耳を傾け、「本当に楽しいひとときでした。どうもありがとう」と述べて退出した。

このシーンをテレビで眺めながら、僕はおそらくは日本中の人々と、ある既視感を共有していたように思う。

そう、ちょうど十年前の一九九九年十一月十二日。天皇陛下即位十年を記念する国民祭典が皇居前広場で開催されたさい、両陛下の前で奉祝曲「Anniversary」を演奏した元X JAPANのリーダー、YOSHIKIの姿である。

この既視感はどこから来たのか。これは、それほど難しい問いではない。いずれのシーンも、僕に「なぜ天皇を愛する人々はかくもヤンキーが好きなのか」という疑念を呼び覚ましたのだ。

そういえば、二〇〇九年を締めくくるNHK紅白歌合戦の実質的なトリは、サプライズ扱いで登場した矢沢永吉《やざわえいきち》だった。われわれの国民的行事は、いまやことごとく「ヤンキー」が席巻《せっけん》する時代になったのではないか。

なにも大げさなことを吹聴《ふいちょう》しているとは思わない。それを歓迎するか危惧《きぐ》するかは別として、できるだけ多くの国民を〝動員〟しようと考えるなら、ヤンキー的なものを避けては通れない。それはまぎれもない事実なのだ。

それでは「ヤンキー的なもの」とは何か。

たとえばそう、ATSUSHIやYOSHIKIといった独特の表記に注目してみよう。そこには、間違いなく一つの「美学」が刻まれている。そのような「美学」の総体を、さしあたり「ヤンキー」と呼ぼう。

もちろん異論もあるだろう。実際にヤンキー経験のあるYOSHIKIに比べ、EXILEはむしろB-BOY系であって、必ずしもヤンキー集団とは言えない。

それでも僕が、あえて「美学」という曖昧《あいまい》な言葉を持ち出したのには理由がある。ヤンキー的な表現者と、それを享受するものたちが、いわばひとつの「価値＝趣味の共同体」を作り上げているのではないか。共同体というのが大げさなら、緩やかな美学的連帯と呼んでもいい。

「美学」という言葉には、価値観と趣味性の両面がある。ここにわかりやすいタグをつけるとすれば、「ヤンキー」という言葉が最もすわりが良いだろう。

いかに「ヤンキー」を語るべきか

僕はこの本で、「美学としての『ヤンキー』」について語ろうと考えている。ただしそれは、さしあたり「ヤンキー的なイメージ」に限定されるだろう。だからたとえば、日本の不良文化についてのカルチュラル・スタディーズ的な検討は、必要最小限にとどめることになる。

もちろん起源としての不良文化は重要だ。しかし僕が問題にしたいのは、なにゆえに不良文化にルーツを持つであろうヤンキーの美学が、かくも世間一般にまで広く浸透するに至ったか、ということだ。言い換えるなら、不良ではない一般人が共有している「ヤンキー的なもの」への欲望について検討してみたいのだ。

まずはじめに、書き手としての僕の立場や、なぜヤンキー文化に関心を持つに至ったか、そのなりゆきについて語っておこうと思う。単なる好奇心と言ってしまえばそれまでだが、実はもう少しさまざまな背景があるからだ。その背景を知ってもらえれば、僕がどのような角度からヤンキー文化と向き合おうとしているかもみえやすくなるはずだ。

実を言えばこの本は、僕がかつて著書『戦闘美少女の精神分析』（ちくま文庫）で展開した「おたく論」と地続きのものだ。僕自身は浅いレベルではおたく心性寄りの人間だが、とうてい「本物」には及ばない。これはつまらない謙遜《けんそん》などではなくて、「二次元よりも三次元」という単純な価値観を抜け出しきれていないという明確な理由がある。

おたく当事者ではないにもかかわらず、僕はこれまで何度となく、おたく文化の分析も手がけてきた。おたくのセクシュアリティ分析を中核に据えた最初期の本『戦闘美少女の精神分析』を出版してからというもの、そういう依頼が増えたためだ。ちなみに学術的な文脈で「萌《も》え」という言葉を導入したのは、おそらくこの本が初めてだと思う。それなりに自負するところもあるのだが、そのことは今は措《お》こう。

『戦闘美少女〜』における主張の一つは、「おたくと一般人との間に、本質的な差はなにもない」ということだった。それまでのおたく論は、半分は冗談めかしてのこととはいえ、いかにおたくが特異な人種であるかの分析が多かったのだ。しかしそういった議論は、おたくを褒めるにせよけなすにせよ、最終的におたく差別的な視点を呼び込んでしまう。

精神科医という立場上、僕はふだんから精神を病んでしまった人たちと接している。どうしても話が通じない人もいれば、脳の構造そのものが障害されてしまった人もいる。確かに彼らの印象は、一見したところ、しばしば「健常者（治療を必要としていない人）」の印象からへだたってみえる。

しかし、にもかかわらず、僕には彼らと「健常者」との間に、本質的な違いがあるとはどうしても思えないのだ。

精神医療の現場で、かってこんなことが語られていた。「若い精神科医ほど診断の精度は高く、年を取って経験を重ねるほど精度は落ちていく」。奇妙なことだ。少なくとも身体医学では考えにくい事態だ。なぜこんなことが起きるのか。

一つの説明として、経験を重ねていくほど、診断よりも患者の「人間性」に目がいくようになるから、というものがある。

たぶん、そういうことなのだろう。「若さ」はしばしば「違和感」への過敏さでもある。精神科の診断は、他者の異質性に対する違和感が、しばしば有力な手がかりになる。年を取ることで寛容性が増し、むしろ「人間」としての同一性のほうに視点が向かうようになれば、こうした差異に対するアンテナは鈍っていくだろう。それは、必ずしも悪い変化とばかりも言えないのだが。

「おたく」にしても「ヤンキー」にしても、彼らの印象は、一般人からあまりにかけ離れている。「おたく遺伝子」なる言葉がまことしやかに囁《ささや》かれるほど、彼らは「人種」が違ってみえる。しかし、ここでちょっと考えてみて欲しいのは、そうした違いがどこまで本質的なものなのか、ということだ。

例えば「パチンコ」について考えてみよう。僕たちのパチスロ常習者に対するイメージは、いわゆる「ＤＱＮ」（編集部注1）だ。ということは、かなりヤンキー寄りにみているということでもある。ヤンキー文化がパチンコ経済を活性化する、的な記事くらいなら、取材なしでもすぐ書けそうだ。

しかし、本当にそうだろうか。最近のパチンコ業界は、急速にキャラクタービジネスの要素を取り込みつつある。いわゆる「タイアップ機」がそれだ。さまざまな漫画、アニメのキャラクターが、パチンコ台のモチーフとして採用され人気を博している。そこでは「キン肉マン」や「北斗《ほくと》の拳《けん》」といった人気漫画作品にくわえて、最近では「新世紀エヴァンゲリオン」（参考1）や「交響詩篇《しへん》エウレカセブン」といった、おたく文化の象徴とも言える作品が次々と採用されている。「おたく」と「ヤンキー」という、水と油のような二つの「文化」が、パチンコを媒介としてあっさり融合しつつあるのだ。

ここから言えることは、「おたく」と「ヤンキー」の決定的差異にみえるものが、場合によってはあっさり消えてしまう程度のはかないものかもしれない、ということだ。たかだか「印象」の違いにすぎないものを、あまり強調しすぎることは危険ですらある。「違い」を語りすぎる言葉は、つまるところ自己愛にゆきつくほかはないからだ。

ラカン派精神分析の立場に近い僕は、基本的にすべての人間は、多かれ少なかれひとしく病んでいると考える。そこにはほとんど構造的な違いはない。僕にとっての批評や分析は、その意味で常に「診断」に似ている。

ただし僕の「診断」とは、そのように診断してしまう自分自身への診断という視点が必ず含まれている。「おたく」を語るにせよ「ヤンキー」を語るにせよ、おたくやヤンキーに向けられた僕自身の欲望とはなにか、という問いと、常にセットなのだ。言い換えるなら診断とは、「個人」ではなく「関係性」について下されるべきものなのだ。

ところで僕は二〇〇九年に、はじめてのジェンダー本として『関係する女 所有する男』（講談社現代新書 参考2）を書いた。この本においても、基本精神は同じである。同じ生きものとは思えないほどへだたった存在である男と女。「脳科学」はその違いを脳の違いとして固定化しようとするし、一部のフェミニストはその違いを性急に「なかったこと」にしようとする。いずれの議論も、僕にはちょっと物足りない。僕の戦略は、いったん男女の違いを全面的に認めた上で、その違いを最終的に無根拠化するように語る、というものだった。男女の印象上の違いは、さしあたり「所有原理」と「関係原理」の違いとして説明できる。しかし、つきつめれば「所有」と「関係」は一致する可能性がある。そうだとすれば、もはや男女の違いは本質的なものとは言えない。要するに「同じだからこそ、違ってみえる」ということが、常に僕の主張の基本にある。

しかし、こうしたややこしい主張は、なかなか理解されない。もちろん僕の文章力の乏しさにも原因があることはわかっている。しかしそれにしても、性差の二元論を否定しておきながら「所有」と「関係」という別の二元論にこじつけようとしている、という批判がこれほど多いとは思わなかった。それを誤読とは言わないが、少なくとも僕の意図したところとは違う。

この経験に懲りて、僕はこの本では、最初から自分の立場と意図をきちんと説明しておこうと考えた。いささかくどい前置きであることはわかっている。ただ、この点を十分にふまえておかなければ、僕の試みも単なるヤンキー差別を助長する行為として受けとめられてしまいかねない。それだけは避けておきたいのだ。

ナンシー関の遺産

以前にも述べたことだが、こうした僕の視点は、基本的には故ナンシー関《せき》のエッセイから大きく影響を受けている。ヤンキー文化の裾《すそ》野の広さを僕に再認識させてくれたのは、彼女が九〇年代に書いたいくつかのコラムだった。

あえて断言するが、いわゆる「不良文化」とは異なる文脈で、われわれの日常に潜在する「ヤンキー性」をはじめて指摘したのはナンシー関だ。彼女は芸能界を支配する美意識の大部分がヤンキー的なものであることを身も蓋《ふた》もなく指摘してしまったのだ。その指摘は、「言われてみればそうとしか思えない」というインパクトとともに、芸能界の風景を一変させた。まさに「コロンブスの卵」であり、「目からウロコ」にほかならなかった。

いまや人々の日常のかなりの部分が、芸能界的な美意識によって覆われている。ということは、多くの人々がそれとは意識せずに、ヤンキー的な美意識によって深く影響されていることを意味している。

僕がナンシーの指摘から受けたインパクトには、突如自分がマイノリティの側であることに気付かされる恐怖と、気付いた瞬間にメジャーの側に取り込まれてしまうという恐怖が、同じくらい混じっていた。ネット上には「日本が増殖するＥＸＩＬＥによって占拠されてしまう」というネタ（編集部注２）があるが（奉祝曲を聴き終えた天皇が「本当に楽しいひとときでしたキャリオーン」とかいうやつ)、あの感じに近い。

ナンシーが「ヤンキー文化」に言及した最初期の記事は、週刊朝日の連載「小耳にはさもう」だった(「気合を入れて納得のいく仕事をして、スタッフと一緒に泣きたい」『小耳にはさもう』朝日新聞社 参考3)。一九九三年十一月十日掲載のそのコラムは、横浜銀蝿《よこはまぎんばえ》(参考4)の元ボーカル「翔《しょう》」の活動再開について論評していた。

これはただの論評ではない。ナンシーの筆は、身内である妹にも容赦なく及ぶ。彼女の妹は高校時代、横浜銀蝿の大ファンだった。その妹の言葉が、素晴らしく印象的だ。彼女は、高校生の自分が銀蝿ファンだったことは「しょうがない」というのだ。過去を恥じたり否認したりするのではない。「しょうがない」とは「至極当然」「あんなの好きになるに決まってんじゃんよ」ということらしい。これは「(おたくとは)気がついたらなっている」もの、という言葉(木《き》尾《お》士《し》目《もく》『げんしけん 三巻』講談社)に匹敵する名言だ。

いつしか無自覚のまま獲得された欲望こそが、もっとも深くその人の趣味を決定づけるということ。むろん彼女はヤンキーでも不良でもないが、ナンシーによれば「当時の銀蝿ファンのほとんどがそんな感じだった」らしい。

ナンシーと僕はほぼ同世代だから、あの当時のことはよく覚えている。横浜銀蝿のデビューは、僕が大学に入ったばかりの八〇年代初頭だった。初期のヒット曲「ツッパリHigh School Rock'n Roll」の歌詞は、ヤンキー高校生の日常をパロディにしたコミカルなものだった。

だから銀蝿の位置づけは、最近で言えば「氣志團《きしだん》」のそれに近い。真性の不良のアイドルだった「キャロル」や「矢沢永吉」に比べ、フェイクの不良を演ずるというニュアンスが強かったからだ。すでに不良文化の衰退がはじまる中、もはや「リーゼント」は形骸《けいがい》化した「ツッパリ＝不良」の記号でしかなかった。要するに銀蝿とは、「なめ猫」と同様に、ファンシーな「二頭身」キャラとしてのヤンキーだったのである。

こうしたパロディ的な性格ゆえに、銀蝿人気は一般にも広く浸透していった。興味深いのは、僕の知る限り、パロディにされてからかわれている当事者であるヤンキーの間でも、銀蝿人気が高かったことだ。この問題は、ヤンキー文化が本質的にはらんでいるパロディや「お笑い」との親和性に関連するのだが、そのことはまた後ほど検討しよう。

ナンシーのコラムに戻るなら、このコラムの後半こそが白眉《はくび》である。「私はつねづね『銀蝿的なものを求める人は、どんな世の中になろうとも必ず一定数いる』と思ってきた。そして、その一定数はかなり多いとも思う。あえて具体的数字を挙げるなら、自覚している人が一千万人、潜在的に求めているのは三千万人にのぼると推測する。なんと計四千万人、日本の総人口の三分の一が『銀蠅的なものに対してひかれがち』であるとは、何ともおどろきである。勝手に勘定してびっくりしてちゃあ世話ないが」

ただし、別のコラムで彼女は「老若男女の区別なく人口の約5割」としている（「日本人の5割は『銀蠅的なもの』を必要としている」『何が何だか』角川文庫）。たいした違いではないが、要は「驚くほど多いはず」ということなのだろう。

これに続くコラムで、ナンシーは「銀蠅の魂」を宿した物件を次々に挙げていく。「X（JAPAN）」「BUCK-TICK」「工藤静香《くどうしずか》の方向性」「THE虎舞龍《とらぶりゅう》」「ボディコン」などなど。とりわけ「最近の子供への名前のつけ方」に、「銀蠅的なものに対する基本的好意」を感じ、同じ不良と言ってもチーマー系の真木蔵人《まきくろうど》より、ツッパリ系の的場浩司《まとばこうじ》や辰吉丈一郎《たつよしじょういちろう》が愛される、という指摘も鋭い。ついでに言えば、人々の辰吉への愛は、いまや亀田《かめだ》三兄弟への愛としてしっかり受け継がれているはずだ。

冒頭でふれたYOSHIKIについても、ナンシーにかかればコントになってしまう。さまざまな〝伝説〟で自らの経歴を彩る過剰な自己演出（一秒間にバスドラ六発とか）ぶりを皮肉る一方で、「ヨシキ人形」や「ヨシキデザインの下着」の存在にふれ、ヤンキー道にひそむ「ファンシー」要素にまで言及する周到さ。

とどめというべきコラムは工藤静香に関するものだ。とりわけ彼女の客観的な位置づけと自己認識のズレっぷりを指摘する次のくだりは、ナンシー節全開ともいうべき爽快感《そうかいかん》すらある。

「私は、工藤静香のアイデンティティはそのヤンキー性にあり、その前にあっては他要素などは無いにも等しい一点突破だと思ってきたが、本人の自己認識は違っていた。彼女の認識する最大のアイデンティティは『アーティスト』だった。（中略）X JAPANヨシキとのつながりも、ヤンキー同士ではなく、アーティスト同士という意味のつもりだったらしい」（初出「噂の眞相」一九九六年七月号、『何が何だか』角川文庫）。ナンシーのいない世界でも、工藤静香は変わることなく「アーティスト」をやっているし、鳴り物入りで出版されたYOSHIKIの自伝（参考5）を読めば、彼女の洞察力がいかに鋭かったかがあらためて確認できる。やはり起源としてのナンシーの存在は、けっして忘れるわけにはいかないだろう。

浸透・拡散・現在

その後、ヤンキー的なものは、おたく文化と同様に、浸透と拡散の時代を迎える。そのことを象徴するかのような、僕自身の体験について記しておこう。

数年前、車で国立代々木《よよぎ》競技場のそばを通りかかったとき、僕は異様な風景を眼《め》にした。競技場周辺の道路にピンクや紫の改造羽根付きワンボックス車やワゴン車が所狭しと居並んでいる。そのほとんどが、どこからどうみても典型的なヤン車だ。

案の定、スモークを貼った車窓からは、UFOキャッチャーで獲得されたとおぼしいヌイグルミやレイが大量にあしらわれた車内が見える。もちろんダッシュボードには、真っ白なムートンが敷き詰められている。

ふた昔前なら、これは矢沢永吉のコンサート会場周辺の風景であっただろう。しかし車にあしらわれているイラストは可憐《かれん》な少女だ。そう、これは「アユ」すなわち浜《はま》崎《さき》あゆみのコンサート会場の周辺風景だったのである。おそらく夜ともなれば、おのおの車にブラックライトやアンダーネオンが点灯し、幻想的な風景が広がったことであろう。

速水健朗《はやみずけんろう》は著書『ケータイ小説的。――〝再ヤンキー化〟時代の少女たち』(原書房)で、浜崎あゆみのヤンキー性について、くわしく検討している。速水によれば、彼女が元ヤンキーだったことは、本人も認めている事実である。現に彼女は、インタビューで次のように答えている。

「スカートを長くするっていっても限度があるけど、でも長くして長くして。時代的に短いのが流行《はや》っていたんだけど、私的にはNGで、長いのを穿《は》いてた。上着は短くしたりしてね。で、最終的にはジャージ着始めて(笑)」

彼女が愛好する詩人、相田《あいだ》みつをが、いかにヤンキー達に愛されているかなど、興味深い事実が指摘されてもいるのだが、この件については後ほど検討しよう。

ここで象徴的なのは、矢沢永吉→浜崎あゆみという変遷である。

おそらく「YAZAWA」に比べれば「アユ」のほうが、はるかにファン層は厚く多様であるはずだ。だとすればこの変遷は、まさに「ヤンキー文化」の「浸透と拡散」ぶりを意味していると考えられる。

もはや一般人の中にも浸透しきってしまったヤンキー文化。それを分析や検討の対象としてとらえることは、ますます困難になりつつあるのだろうか。

そうではない。むしろ事態は逆である。不良文化を出自として、当初はごく狭いトライブ内だけで共有されていた文化が、当事者性を超えた一つの美学として一般化されることで、むしろ文化はいったん「蒸留」されることになるのだ。それはサブカルチャー内に、あらたな棲《す》み分けの構図をもたらすはずだろう。

たとえばネット上の小説という分類で言えば、おたく系の『電車男』と、ヤンキー系の『DeepLove』が、ほぼ同時期にベストセラーとなったように。言うまでもなく、二つの小説の読者層はかなり異なっていた。ちなみに『DeepLove』は、さきに引用した速水が「再ヤンキー化」現象を見出《みいだ》した「ケータイ小説」のはしりにも位置づけられる作品である。

ここでもういちど繰り返しておくが、僕が一貫して関心を向けているのは「個人の美意識にひそむヤンキー性」である。それは例えば「不良文化」という言葉を使ってしまったが最後、雲散霧消してしまうような儚《はかな》い美学だ。

しかし僕は、ナンシー関が開拓した問題領域のさらに奥深くを目指すべく、この本では「不良の美学」ならぬ「ヤンキーの美学」の構造にこそ焦点をあてたいと考えている。

本章の最後に、現代のヤンキー文化を論ずる上でどうしても外せない論客として、酒井順子《さかいじゅんこ》氏にご登場願おう。『ヤンキー文化論序説』(河出書房新社)にも論考を寄せている酒井氏は、ナンシー関とほぼ同じ角度から「ヤンキーの美学」についての発言を続けている。酒井氏は「平安時代にもヤンキーはいた」と断言しているが、僕もまったく同感である。

僕との対談(『「性愛」格差論』中公新書ラクレ　参考6)において列挙されたヤンキー的サンプルは、現代におけるヤンキー文化を美学的に理解するうえで役に立つはずだ。以下、その代表的なものを列挙しておこう(一部、僕自身の判断で追加したものを含む)。

いうまでもなく、ここに列挙されたアイテムは、必ずしもヤンキー当事者ではない普通の人々の好みに限定してある。

●初期のビートたけしと、彼の愛用していたセーターのブランド、フィッチェ・ウオーモ、ならびにフィッチェのドン小西《こにし》

●羽根付きのセダン、デコトラ、デコチャリ

●ダッシュボードのムートン、ヌイグルミ

●車のナンバーへのこだわり（ゾロ目、左右対称、一桁《ひとけた》、連番）

●「光りもの」へのこだわり、車に装着するブラックライトやアンダーネオン、家の外壁のイルミネーション、あるいはルミナリエ、ミレナリオ？

●ジャージ、ゴールドのネックレス、セカンドバッグ、ジャンボカット

●ヴィトンのバッグ、ピーチ・ジョンの下着

●ギャル雑誌「小悪魔ａｇｅｈａ」

●成人式における純白の羽織袴《はおりはかま》、寅壱《とらいち》の作業服

●サンリオ、ミキハウス、ディズニーランド

●ドン・キホーテ、パチンコ屋、競馬場、地方の街道沿いのスーパー、ショッピングモール

●矢沢永吉、ＢＯØＷＹ、Ｂ'ｚ、ＧＬＡＹ、浜崎あゆみ

●工藤静香、木村拓哉《きむらたくや》、飯島愛《いいじまあい》、高橋歩《たかはしあゆむ》、相田みつを

●ＥＸＩＬＥ、ＫＡＴ‐ＴＵＮ、ジャニーズ、ビジュアル系

●「クローズZERO」「ROOKIES」「ドロップ」などの映画

●ヤンキー文化に照準する小説家として桐野夏生《きりのなつお》、赤坂真理《あかさかまり》。ルーツとしての中上健次《なかがみけんじ》

こうして眺めてみると、酒井氏が指摘するように、ヤンキー文化の根底にはまがうかたなき「バッドセンス」の系譜がある。この系譜の延長線上には、歌舞伎や日光東照宮《にっこうとうしょうぐう》などがちらほらと見えているが、そちらの検討についてはまた後で。

やや駆け足ではあったが、以上でこの本のねらいについては十分な説明を尽くしたつもりだ。次章からは具体的な事例をもとにヤンキー文化の構造分析を試みてゆきたい。

編集部注1　DQN　ドキュン。インターネットスラングのひとつ。低学歴者やヤンキー（不良）、暴力的な感じの人、非常識な人、あるいは企業を指すときに用いられる。

参考1　CR「新世紀エヴァンゲリオン」　二〇〇四年十二月に発売されたパチンコ機。原作アニメを忠実に再現した高品質な演出により人気を博し、「セカンドインパクト」「最後のシ者」などの副題がついた続編機種も次々に発売された。二〇〇五年九月にはパチスロ版も登場した。

参考2　『関係する女 所有する男』斎藤環著　男と女の違いは何なのか。「性差」とは何なのか。風説や俗説を排し、精神科医ならではの手法でさまざまな角度から分析していく。

編集部注2　「日本が増殖するEXILEによって占拠されてしまう」というネタ。EXILEは二〇〇九年三月に、それまでの七人から十四人編成となった。一気に倍になったため「もし毎年倍々と増えていったら……」と揶揄《やゆ》したネタ。なお「Carry On」は二〇〇四年五月にリリースされた通算十四枚目のシングル。

参考3　『小耳にはさもう』一九九三年一月から「週刊朝日」で始まった同名コラム連載を収録。連載は二〇〇二年までの計四百六十二回に及んだ。第一回のテーマは貴花田《たかはなだ》光司《こうじ》。

参考4　横浜銀蝿　一九七九年、翔、Johnny、TAKU、嵐《らん》の四人で結成。正式名称は「THE CRAZY RIDER 横浜銀蝿 ROLLING SPECIAL」。リーゼントの髪型にサングラス、ライダージャンパー、白いドカンという独特の服装をギミックとして登場。「ツッパリHigh School Rock'n Roll 登校編」は八一年一月発表。同年十月発表の「試験編」もある。

参考5　『YOSHIKI／佳樹』　TOSHIとの友情、HIDEの死、X JAPANの誕生から解散、再結成までの軌跡と、自らの生い立ち、そして父の死までを語った一冊。著者は小松成美《こまつなるみ》。角川書店刊。

参考6　『「性愛」格差論—萌《も》えとモテの間で』負け犬、おたく、ヤンキー、腐女子などをテーマにした対談本。「金持ち／貧乏」だけでなく「モテ／非モテ」「既婚／未婚」といった格差が進む現代、男女が番《つが》わない理由に迫っている。

第二章　アゲと気合

ギャルとヤンキーの違いとは?

この章で検討するのは「ギャル」について、である。

なぜヤンキーを語るのに「ギャル」なのか?

前の章で僕は、速水健朗氏の『ケータイ小説的。』(参考1)という本を引用した。僕自身も、浜崎あゆみを挙げていた。速水氏は現代における「再ヤンキー化」の象徴として、浜崎あゆみコンサート会場の周辺道路を埋め尽くしたヤン車の群れに衝撃を受けた経験をくわしく書いた。

しかし忘れてはならない。彼女が安室奈美恵《あむろなみえ》らと並ぶ「ギャルのカリスマ」でもあるという事実を。

実際、僕のような部外者からみると、ヤンキーとギャルは、少なくともその美意識という点において、かなり重なってみえてしまう。「完成形」についてはともかく、そのどちらにもなり切れない未熟な層においては、両者の美意識ないし趣味性は、かなり重なり合っているのではないか。

もちろんそのメンタリティという点においては、二つの〝部族〟の間に相当な隔たりがあるだろうことは想像に難くない。それについては後ほどくわしく検討してみよう。しかし一般には、女性のファッションとしての「ヤンキー」と「ギャル」の位置づけは、完全に一致こそしないものの、隣り合った関係にあることは確かなようなのだ。

こころみに「ヤンキー」と「ギャル」の違いについて検索してみたところ、いくつかの掲示板上での議論がヒットした。なかなか興味深い内容であるため、以下に一部を引用してみよう。

「ヤンキー　細眉《ほそまゆ》　口紅は赤紫でべっとり　前髪がすだれ　服がたるたる（大きめ）」

「ギャル　スウェット上下にキティッパ（編集部注1）髪は真っ黒か金髪　つけまつげにベージュの口紅」

「ちなみに私の周りは昔ヤンキーだった同級生は現在ギャル系ファッション。昔ギャルっぽかった同級生はカジュアルでもかなりのオシャレさん」

「ヤンキーは、ほぼ18でヤンキーを卒業している　尚18歳未満のギャルはヤンキーの疑い強」

「ヤンキー髪の毛手入れさぼりプリン&痛み（編集部注：引用ママ）が激しい、まゆげ細すぎ、コンビニ前でたむろ、特技はガン見、暇そうな行動、色白、メンズ香水プンプン／ギャル早口で声がでかく笑い方下品でうるさい、色黒、体型関係なしに露出、奇抜な付け爪、場所関係なく変顔で化粧、おねぇ系あまあま香水プンプン」

「ヤンキー上下が厳しい／ギャルかなり目上でも同い年でもタメ口」

「ヤンキーロックンロール／ギャルパラパラ」

「ヤンキー金髪で悪そうなやつはだいたいが知り合い／ギャル茶髪、エクステで頭がデカくなってる友達のプリクラ帳で（この子知ってる～）を連発。両者やたらと仲間意識が強い」

「ヤンキーは就職しようと思ったらスパっと切り替えるけど、ギャルはギャルのまま就職しようとする」

個人的にうなずけるものもあれば、けっこう偏見みたいにみえるものも含まれているが、少なくとも「ギャル」と「ヤンキー」が、文化圏としてかなり近い位置づけにあることはよくわかる。だからこそ、区別や見分け方についての話題がこれほど盛り上がるのだ。また、ここにも指摘があるように、元ヤンキー少女がいつのまにかギャルになっていたりすることもあるらしい。


パギャル！

僕が最初に「ギャル」カルチャーを知るきっかけとなったのは、漫画家にしてタレントの浜田《はまだ》ブリトニー氏の作品『パギャル！』（参考2）だった。ずっと定期購読している「週刊ビッグコミックスピリッツ」にこの作品が掲載された時の強烈な違和感は、いまでもよく覚えている。ちなみにパギャルとは、中途半端なギャル（なんちゃってギャル）を意味する言葉である由。

浜田氏は自称二十歳の元ギャルで、デビュー後もギャルの心情を理解するためしばらく住所不定を貫いたという筋金入りだ。ひところの宅八郎《たくはちろう》が〝キャラとしてのオタク〟を演じたように、浜田氏も〝キャラとしてのギャル〟をテレビやブログで演じ続けている。

『パギャル！』のギャルが、ひたすら貧乏でバカでビッチなキャラとしか描かれていないにもかかわらず、どこか愛すら感じさせるのは、浜田氏自身が「現役ギャル」というキャラを演じきろうとする覚悟ゆえかもしれない。

どんな漫画を読んで育ってきたのか想像しにくいその独特の絵柄や、自らが所属する文化圏を批評的ツッコミとともに紹介しようとする彼女の姿勢は、かつて「オヤジギャル」を世に知らしめた故・中尊寺《ちゅうそんじ》ゆつこ氏のたたずまいを思い起こさせる。

ところで、この作品のポイントのひとつは、「ギャル語」の紹介だ。僕は本作で「とりま（とりあえず、まあ）」「スパダチ（親友）」「アガる（盛り上がる）」などといった言葉の意味を初めて知った。
記念すべき『パギャル！』第一話「パラリスト」で、岩手から上京してきたパギャルの「ヒメ」が、「マイマイ」や「福みん」と出会うシーンから、彼女たちの会話を引用してみよう。
ヒメ「aggモのマイマイさんっスよねー!!」「その〝エクステ〟〝バリ〟光ってて〝カッチイ〟っスー!!」
マイマイ「は？　何、お前」福みん「お前〝イモギャ〟だろ!!」
ヒメ「とりま〝写メ〟りたいんスけど、〝写メ〟っていっスかぁ〜？」
マイマイ「〝写メ〟ねえ〜　ま、いーケドォーー」「今、〝盛る〟から　ちょい待ちな!!」「よっし、いーよ、撮って!!」「ちなみにこの顔、基本15秒しか、もたないから早く撮って!!」
「盛り」が十五秒しかもたないという自覚に、面白うてやがて哀しきギャルの道がみごとに凝縮されている。ちなみに〝　〟内がギャル語で、欄外に作者によるくわしい注釈が入るのだが、ここでは省略する。もっとも、『パギャル！』第一話がスピリッツに掲載されたのは二〇〇七年のことであり、すでに使われなくなった言葉も含まれているかもしれない。
ここでひとつだけ注釈しておくと、現在も使用される〝盛る〟という言葉には複数の意味があり、変化形もいろいろあるようだ。これは本来、過剰に化粧をすることを意味しており、ギャルに独特の化粧法が「塗る」というよりも「顔に盛る」ようなイメージがあることに由来するらしい。ここから転じて、髪型のボリュームを増すことや、アクセサリーを過剰に身につけるような場合にも言われるようだ。

ちなみに浜田氏自身の解説によれば、「盛り」には他にもさまざまな変化形があるらしい。

「じゃあ盛りにも最近種類があるの知ってます？　盛りガン盛りガツ盛りっていうふうに、どんどん上がっていく。あとメチャやべえ！　とかのメチャやメタも進化系。メチは弱いほうなんスけどメタは普通に強い。メチャやべえとメチャやばいじゃ全然違うんス！」（「ギャル漫画家・浜田ブリトニーにギャル語を教えてもらった！」webR25 http://r25.yahoo.co.jp/fushigi/rxr_detail/?id=20071108-90002889-r25）

ギャルのコミュニケーション

みてきたように、おそらくギャル語ほど新陳代謝の激しい「文化」は、他に例がない。そこにはさまざまな理由が考えられるが、最も大きな理由として、ギャルほどコミュニカティブな部族は他にいない、ということが挙げられる。センターマックで「鬼語り（激しく会話するさま）」するのはもとより、ひんぱんに電話、メールでやりとりするなど、彼女たちの日常に占めるコミュニケーションの割合たるや、他の部族の比ではない。

そんな彼女たちの会話は、しばしば自己目的化する。つまり、「会話のための会話」になりやすいのだ。言い換えるなら、彼女たちの会話の主な目的は、もはや「情報交換」ですらない。会話は互いの親密さやキャラを繰り返し再確認するためにだらだらと続けられる。

次の記事には、そんなギャル的なコミュニケーションのありようが記されていて興味深い。

〈【ティーンズラボ】2008-07-26「あのかれぴ、もれてない?」——渋谷《しぶや》で探る新世代ギャル用語最前線 シブヤ経済新聞 http://www.shibukei.com/column/9/〉

「(「マジで」という言葉は) ティーンの間では『面倒くさい時』仕様の使われ方が圧倒的だ。興味ない話題を振られても『マジか』と言って会話をかわす、そんな光景が当たり前になっていようだ。(編集部注:引用ママ)

『マジか』を筆頭に、『面倒くさいから』『適当に会話したい』などの理由で、会話を円滑かつ穏便に『流す』風潮が目立っている。面と向かって言わない代わりに、表向きの相づちで会話をつなぎ、言われる側も空気を察してそれとなく会話を流す、そんなコミュニケーションが、さまざまな『適当』系言語を派生させる。

『面白いって思ってなくても普通に「ウケるんだけどー」とか言っちゃう』（都内在住、高校1年生のりかちゃん）、『メールしてたらちゃんと答えられないから「ウケる」ってとりあえず言う』（都内の高校1年生、かなちゃん）など、面白くないのに口をついて出る『ウケる』もその一例。（中略）『どうしよう〜』『だるい』など『とりあえず言っとけ』系の言葉も蔓延《まんえん》。（中略）これらの言葉は決して『ウソ』ではなく、本人たちにとっては立派なコミュニケーションの一環。『自分も回り（編集部注：引用ママ）も分かって言っている』（都内在住の高校1年生、りかちゃん）という」

僕がギャル語に注目するのは、まさにこうした機能に特化して進化してきた言語であるという点だ。それは「会話のための会話」、いわば「純粋会話」の作法として、特異な発展を遂げつつある。ちなみに僕は、こうした会話を「毛づくろい的会話」と呼んでいる。

断っておくが、僕はギャル語を軽んじるつもりは毛頭ない。むしろ「毛づくろい的会話」こそが最も高度な会話であり、選ばれた会話達人のみが到達できる境地である、と信ずるものだ。

以下は余談だが、僕を含む男性は一般に、こうした「会話のための会話」がきわめて苦手である。男は会話に「情報」と「結論」を求めすぎるのだ。僕は家族円満の最大の秘訣《ひけつ》は、こうした「毛づくろい的会話」を日常的にかわすことだと確信している。

夫婦間であれ親子間であれ、「無駄話」や「お喋《しゃべ》り」をかわしあえる関係こそが、最も深く安定するからだ。

さて、僕の印象では、「ギャル語」のなりたちには、「ヤンキー語」のそれとかなり近いものがある。

もちろん「ヤンキー語」そのものは、いまや限りなく死語に近い。ネット上の「ヤンキー語辞典」などをみても、「アイパー」「赤テープ」「シャコタン」「夜露死苦」などなど、「それいつの昭和？」と尋ねたくなるような年代物ばかりだ。

おそらくヤンキー語そのものの新陳代謝はとうに終わっているのだろう。しかし僕には、「ギャル語」のなりたちが「ヤンキー語」のそれと、さまざまな点で共通する構造を持っているように思われてならない。

たとえば「だいぢ」というギャル語がある。意味は「大丈夫」。ルーツの解説として、メールで「だいじょうぶ」と打つのが面倒だから、とあったが、茨城《いばらき》県と縁の深い僕は、これがもともと茨城弁であることを知っている。茨城弁では「大丈夫だから」というときに「だいじだから」と言うのだ。

これに限らず、ギャル語は意外に「方言的」でもある。「～だべ？」とか「～なくね？」といった言い回しにも、そうしたニュアンスが濃厚にある。方言的な響きがもたらす異化作用や「可愛さ」という理由もあるだろうが、そこに北関東《きたかんとう》的な響きを介してヤンキー的美学が密輸入されている、と考えるのは、果たしてうがちすぎだろうか？

あるいは、必ずしもギャル語ではないが、ギャルの多くが所属する「イベサー（イベント・サークル）」で頻用される言葉に「ケツモチ」というものがある。

これは、イベサーがなんらかのトラブルに陥ったさいに、その解決を担当してくれる人のことを指している。平たく言えば、ヤクザをはじめとする「バック」のことだ。

ただし「ケツモチ」にはもう一つの意味がある。こちらはれっきとした？　ヤンキー語で、暴走族が暴走行為をする際に、最後尾を走る人のことだ。パトカーに追跡されると速度を落として蛇行運転し、前の集団を逃がすのが彼らの役目である。

「ケツモチ」という言葉は、はるか昭和の昔に、僕も聞いた覚えがある。もちろん当時は、ギャルもイベサーも存在しない。それゆえこの言葉については、ほぼ間違いなく、ヤンキー語が直接にギャル語に継承されたものとみなしてよいだろう。つまりここにも「ヤンキー」と「ギャル」の親近性がみてとれるのだ。

オタク言語とギャル言語

さて、ここで気分を変えて、次の文章を読んでみてほしい。

「ご無沙汰《ぶさた》してます。おいィ、俺がどうやってツンデレだって証拠だよ！　不良だからよ宿題もやらないしメールも遅らすのでどうもすみません。はやくあやまっテ！反省してまーす。

この数日は東京都の非実在青少年うんぬんで俺の怒りが有頂天なんだが？　汚いなさすが委員会きたない。『規制に反対するオタクは認知障害者』とかくやしいのうｗギギギ…我々はこんな相手と戦っていたのか…おかしいですよ諦三《たいぞう》さん！　しかしまあ継続審議に持ちこめたようで良かった…しかしあの委員会、マジでかなぐり捨てンぞ？」

これは、さきごろ東京都の青少年問題協議会が漫画やアニメなどにおける「非実在青少年」の性行為描写を規制する条例改善案を提出したことを受けて、あるオタク女性から届いたメールの一部にもとづいて作成した文章である。

なにが書いてあるかさっぱり理解できなかったあなたは、むろんまともな一般人だ。普通に読めば文法はおかしいし誤字脱字だらけだしちょっと知的に問題があるヒトが書いた文章なのではないかと思われたとしても不思議はない。実のところ彼女はすこぶる優秀な女性であり、今もっとも単著の出版が待たれている研究者といっても過言ではないのだが。

まあオタクの文章がみんなこんなものと言いたいわけではないのだが、ひとつの典型ではあるので、ここで簡単に解説しておこう。

なんといってもオタク文章に顕著なのは、「引用の嵐」だ。おそらく一般読者でも「ツンデレ」とか「反省してまーす」などは何となくわかるだろう。しかし、そんな些末《さまつ》な部分はむしろどうでもいいのだ。実はこの文章、その九十パーセントは引用のコラージュでできている。いわば、さまざまな定型文を適宜つぎはぎして、固有名詞だけ取り替えたのがこの文章なのだ。

この短文を引用元からその文脈ないしニュアンスまで完璧《かんぺき》に解説しようとすれば、おそらく一章分の分量が必要になる。しかし、この本はオタク論ではないので、ごくあっさりと済ませておこう。

引用元は三作品。「MUSASHI—GUN道—」（参考3）「はだしのゲン」「機動戦士Vガンダム」だ。しかし、もっとも大量に引用されているのは、実は「作品」ではない。ゲームファンの間では「ブロント語」として知られる言葉で、「おいィ」「マジでかなぐり捨てンぞ?」といった、普通に文法的におかしい部分がこれにあたる。「ブロント語」とは、2ちゃんねるネトゲ実況板で活躍していた名無しの別名「ブロントさん」が書き込んだ言霊のことだ。ブロントさんは匿名なのに、そのあまりにも卓越した言語センスで注目を集め、どこの板に出現してもすぐ「中の人」を特定されることをくり返した。その個性的にもほどがある文体を模倣するものが後をたたず、彼らは「ブロンティスト」と呼ばれた。くわしくはまとめサイトなどを見てもらうとして(http://www7.atwiki.jp/buront/pages/8.htmlとか)、要するにこれがひとつのオタク文章の典型である。

ついでに言えば、オタクの会話もほぼこの形式に準ずる。彼らは自分の感情表現すらも、しばしば「引用句」で表現しようとする。一般にオタクは、素の状態での情緒的コミュニケーションは苦手なことが多いため、感情をいったん定型句に落とし込んで記号化し、その記号だけを交換しようとするのだ。これは、場の空気を乱すことなく感情を表現し、時には共感や笑いによって場を和ませるためのオタクなりの工夫と言うべきだろう。

だから彼らは、景気よく出発したいときは「○○いきまーす！」と言い、軽く謝るときは「サーセン」ないし「スマソ」と言い、料理が美味《おい》しければ「むほぅ」とつぶやき、光がまぶしければ「うぉっまぶしっ」と言い、もっとまぶしければ「目が！目がぁ！」と叫び、殴られれば「殴ったね！　おやじにも以下省略」と言い返し、高いところに登れば「人がゴミのようだ」と言い、弾幕が薄ければ「左弦弾幕薄いぞ！」ととりあえず言っておく(いずれもネタ元は有名すぎるので適宜検索していただきたい)。ちなみに、すべて〈棒読み〉である。

ながながオタク語の解説をしてきたのは、それがギャル語やヤンキー語といかに対照的なものであるかを知ってもらいたいからだ。

この違いは、とりわけ感情表現においてはっきりする。繰り返すが、オタクは自らの感情すらも、作品からの引用句や定型文の形を借りて伝えようとする。しかし、ギャルやヤンキーは、そうした「引用」の身振りとは一切無縁だ。彼らは自らの感性だけを頼りに、新しい表現を次々と生み出していく。

オタクの「名誉」のために言い添えておけば、引用以外の形で生み出されたオタク系の言葉としては「萌《も》え」「腐女子」「ツンデレ」などが一般にも知られている。しかし残念ながら、これらの言葉の応用範囲はかなり限られており、日常的な使い勝手という点ではギャル語に一歩譲る。

どちらかと言えばオタクシンパな僕としても、こうしたギャルたちの集団的創造力には一目置かざるを得ない。「教養」で勝負するオタクに対して、新しさやオリジナリティにおいて勝るギャル語のほうが、「流行語大賞」的な意味での〝一般性〟が高いのは、そのためもあるだろう。

こうしたギャル語の優位性は、おそらくそのなりたちにある。日常会話から生み出され、会話を通じて伝播《でんぱ》していくギャル語に対して、オタク語のほとんどはネット発だ。つまり、2ちゃんねるなどの掲示板やメール、動画サイトなどにおいて、最初は「書き文字」として生み出され、その一部が会話に転用されるという形でオタク語は生成することが多いのだ。

あえてややこしい云《い》い方をするなら、パロール（話し言葉）を出自とするギャル語に対して、エクリチュール（書き言葉）を出自とするオタク語の違いともいえる。パロールによるつながりは凝集性が低いぶんだけ流動的で、いきおい集団の規模も大きいから、そのぶん語の汎用《はんよう》性も高くなる。いっぽうエクリチュールによるつながりは凝集性が高いぶんだけ閉鎖的であり、内輪性が強いぶんだけ伝播力も弱い。そういうことなのかもしれない（もっとも、二〇一一年の流行語としては、オタク系の「リア充」「てへぺろ」とギャル系の「あげぽよ」「とりま」が拮抗《きっこう》しており、もはやこうした優劣を論ずることにはあまり意味がないかもしれない）。

ギャル文化の歴史的背景

ギャル文化についての文献は、いまだ驚くほど少ない。僕が探した範囲でも、多少なりとも学問的な形でギャルを論じた文献としては、二〇〇九年に出た『ギャルとギャル男の文化人類学』（参考4）しかみあたらなかった。

本書は「ギャル」そのものを論じていると言うよりは、「ストリート系若者集団」としての「イベサー」や「ギャルサー」についての「フィールドワーク」だ。筆者である荒井《あらい》悠介《ゆうすけ》氏自身が有名なイベサーの代表経験者であり、その意味では理想的な参与観察の報告書とも言える。われわれの社会に内在する異文化集団についての興味深いレポートとして、一読をお勧めしたい。

荒井氏は「イベサー」や「ギャルサー」を、一九五〇年代の「太陽族」、六〇年代の「みゆき族」、八〇年代の「竹の子族」に連なる「ユース・ストリート・カルチャー」であるとする。もっとも、太陽族はともかく、みゆき族と竹の子族は若干ジャンルが違う気もするが、それはまあ良しとしよう。

荒井氏はさらに歴史を遡《さかのぼ》り、戦国時代の「傾奇者《かぶきもの》」、大正時代の「モボ・モガ」、戦後の「アプレゲール」などをこの流れに位置づけようとする。

荒井氏の簡潔な整理によれば、「イベサー」の前身は「インカレ」と「チーム」であるという。一九八〇年代のディスコ・ブームの最中、都内の私立大学の学生サークルのリーダーたちが大学の枠を超えたイベントグループを結成したが、これが「インカレ」である。九〇年代初頭にピークを迎えたインカレによるパーティは、バブル崩壊後に急速に氷河期に向かう。

インカレの凋落《ちょうらく》と入れ替わるようにして、私立大附属高校に通う高校生たちがパーティを主催しはじめるようになる。これが「チーム」であり、そのメンバーは「チーマー」と呼ばれた。彼らはファッション・リーダーとして、いわゆる「渋カジ」スタイルを流行《はや》らせるとともに、暴力事件を起こす武闘派のイメージもあった。

実は僕も、九〇年代末期に、ある雑誌の仕事で十七歳の武闘派チーマーにインタビューをしたことがある。ちょうど時期的にはチームも末期の頃で、移行期のムードがはっきり出ているので、以下に引用してみよう。

「気が向けば暴走とかするけど、族じゃないから。遊び方？　ふつうにタマったり、飲み行ったりとか、あとたまにナンパしたりとか」

「チームの仲間は十六歳から二十歳くらいまで。うちらのとこは、上下関係はあんまりキビしくなくて、みんな仲間、フレンドリーな感じで」

「（前にいたチームは）けっこう上下関係が厳しくて、それがイヤで抜けるって言ったらヤキ食らって、集団リンチ。三人がかりで1時間ぐらいやられた」

「うちらはケンカはしょっちゅうだけど、クスリとかシンナーとかは、絶対にない。（中略）ヤクザの勧誘みたいのもときどきあるけど、ヤクザには絶対ならない。前からそう決めている」

「いま大切なのは、仲間と親かな。彼女とは別れたばっかで。つき合った期間も一ヶ月くらい」

「一番楽しいのは、お金あって、時間があって、仲間がみんないて、いまから何かやろうぜ、みたいなときかな」

「十八切ったら、もう落ち着かなきゃというのは、頭に常にある。かっこ悪いじゃないですか、二十歳になって、なんかそういうことやってたら（笑）」

邦楽は大嫌いで「ウータン・クラン」が好きという彼のたたずまいは、しかしはっきりと「ヤンキー的」だった。これは必ずしも印象論ではない。彼は自分のチームのリーダーをこのように形容する。「年上で、とりあえず気合が入ってて、ケンカが強くて、信頼できる、そんな感じの人」と。

そう、おわかりのとおり、「気合」が入る、という言葉こそが、彼の美学の中心にある。こうした「気合」の美学こそ、ヤンキー由来のものではなくてなんだろうか。

一九九三年に活動を再開したときの横浜銀蝿の元ボーカル「翔」の言葉は「気合を入れて納得のいく仕事をして、スタッフと一緒に泣きたい」だったという。

さて、荒井氏によれば、九〇年代以降に夜遊びの場所はディスコからクラブに移り、そこから再度パーティが盛り上がっていったという。チームからイベサーへという流れが加速する。ここには二つの流れがあり、一つは「チームと大学生サークルの融合」、もう一つは「高校生のサークル化」であったというが、その詳細については省略する。

パーティの主催に照準した荒井氏の年表の中に「ヤンキー」は登場しない。しかし、ある種の美学が受け継がれていく流れとして、この年表に「ヤンキー」を割り込ませるなら、おそらくそれは「ヤンキー」→「チーマー」→「ギャル」という系譜として描き出せるかもしれない。

重要なことは、さきほどのインタビューにもはっきりとみてとれたように、流れの中で次第に「暴力」が忌避されていくことだ。暴行事件で凋落したチームにかわって台頭したイベサーは、まったく暴力と無縁とはいえないものの、チームに比べればはるかにそうした問題は少ない、というのが荒井氏の認識である。

つまり、集団としての「イベサー」と「ヤンキー」を比べるならば、「イベサー」の特徴は上下関係をはじめとする組織の縛りがゆるく、あまり暴力的ではない点がまず挙げられるのかもしれない。言い換えるなら「イベサー」集団は、社会的な逸脱の度合いがヤンキーよりもはるかに少ないため、不良文化的な色彩がかなり薄いのである。

不良文化としての検討をあえて禁欲しようという本書の試みにおいては、ヤンキーから不良性を引き算したかのような「イベサー」にヤンキー美学の本質の一端をみようとすることは、ごく自然な手続きなのである。

「アゲ」と「気合」のために

さきほど僕は、ヤンキー美学の中心に「気合」があると述べた。

ならば「ギャル」の美学の中心はなんだろうか。

本章の前半では、主にギャル語を中心に、そのヤンキー語との親近性と、オタク語との対照性をみてきた。かくも僕が言葉にこだわるのには、はっきりした理由がある。実は「ヤンキー」と「ギャル」の「近さ」を語る際に、けっして忘れるべきではないキーワードがあるのだ。

それは「アゲ」である。

僕はこの本を書きはじめる前に、企画を立ち上げてくれた編集者から指摘された言葉がずっと気になっていた。彼女はヤンキー〝的〟なアイテムとして、iPhone用の蒔絵《まきえ》シールなるものの存在を僕に教えてくれたのだが、そのメールにこうあったのだ。

ヤンキーはアガる、と。

おりしも、いまどきのギャルが選んだ二〇〇九年の流行語大賞は「アゲ・サゲ」という報道がなされたばかりだ（二〇〇九年十一月三十日付サンスポWeb版）。二位の「チョリーッス」、三位の「的な」を抑えて堂々の一位である。

記事の解説には「最高・最低」の意味、とあるが、普通に「アガる」といえば「気分が高揚する、テンションが上がる、イケイケ状態になる」と考えて良いだろう。クラブシーンなどでは十年以上前から「アゲアゲ」といった言葉が使われていたようだから、ギャル語はそこからの派生なのかもしれない。

いずれにせよ、「アガる」という言葉は、ギャルとヤンキーを強力にブリッジするキーワードと考えて間違いない。

それを象徴するのがＤＪ ＯＺＭＡによる二〇〇六年のヒットチューン「アゲ♂アゲ♂ＥＶＥＲＹ☆騎士」（参考5）だ。これは韓国《かんこく》のＤＪ ＤＯＣ「ＲＵＮ ＴＯ ＹＯＵ」（参考6）のカバー曲で、はてなキーワードの解説によれば「アゲアゲ・ヌゲヌゲがモットーのアッパーパーティーチューン」とのこと。しかしこの曲が現代における「ヤンキー的なるもの」を凝縮したものであることは誰の目にもあきらかで、テレビ番組などでもヤンキー登場のシーンなどではしばしばＢＧＭに用いられている。

この楽曲のＰＶに込められた「美学」を子細に分析すれば、現代的なヤンキー像が描けることは間違いないが、それについては後の章にゆずろう。もうおわかりだろうが、僕はこの「アゲ」と「気合」が美学としてはほとんど一致している、と言いたいのだ。

もちろん「気合」の基本には「筋を通す」とか「仲間を裏切らない」といった倫理観があるだろうし、「アゲ」にそうした倫理性は乏しい。しかしひとたび、ヤンキーやギャルのファッションや趣味といった「表層」のみに照準するなら、そこに求められているのは間違いなく、テンションを上げることだ。すなわち「気合を入れ」て「アゲアゲになること」なのだ。

ヤンキー美学の「アゲ」効果については、機会を改めて論ずるとしよう。荒井氏の著作に戻るなら、「イベサー」「ギャルサー」文化における美学の中心にある価値観は、次のような言葉に凝縮されている。

「ツヨメでチャラくてオラオラで」。

ふたたび、謎の言語の登場である。簡単に解説しておこう。

「ツヨメ」とは目立つこと、すなわち「人目を引くファッション、社会から外れたライフスタイル」を指す。ファッションで言えば「日焼けサロンで焼いた黒い肌、明るい色の髪、露出の激しい、ド派手でカラフルな服装」などが「ツヨメ」ということになる。

「チャラい」は性的に軽い、という意味である。語感とは裏腹に、意外にもプラス評価の言葉だ。「性交渉の経験が豊富、性的に奔放、早い時期から性交渉を経験している」ことなどは、「チャラい」と評価され、異性関係に巧みであると同時に、将来は落ち着いた大人になれるという認識にもつながるという。

「オラオラ」は道徳的な逸脱を指す言葉である。「社会的な経歴に傷を付けない程度の反道徳的行為や態度、逮捕などの危険性が少ないグレーな仕事や知識」、すなわち暴力団関係者との人脈や威圧的な態度や言動などがこれにつながるのだという。

このうち「チャラい」と「オラオラ」については、美学と言うよりはスペックの評価に近い。また「オラオラ」はともかく、「チャラい」言動は、ヤンキー文化圏ではむしろ嫌悪される可能性もある（特に女性の場合）。

ここで注目されるべきは、「ツヨメ」という言葉だ。広く考えるなら、かつてのギャルの「ヤマンバ」メイクやルーズソックス、あるいは現在の「盛り」やageha系のファッションなども、こうした「ツヨメ」の美学によるものだろう。それらがあまりにも過剰で、異性をひきつける効果が疑わしかったとしても、そんなことは問題ではない。彼ら彼女らのファッションは、あきらかに「武装」なのだ。武装することで「アゲアゲ」になる、その一瞬こそが、「土曜の夜」を煌《きら》めかせるのだ。

参考1　『ケータイ小説的。――〝再ヤンキー化〟時代の少女たち』浜崎あゆみ、NANA、郊外型ショッピングモール、携帯メール依存、といったケータイ小説の「元ネタ」の探究から、若者たちの文化と生態に迫る文化批評。原書房刊。

編集部注1　キティッパ　キャラクターの「キティちゃん」があしらわれたサンダルのこと。

参考2　『パギャル！』単行本第一巻は二〇〇八年三月発表。〝現役ギャル漫画家〟の著者の実生活をもとにしたドキュメンタリー・ギャグ漫画。巻末には特別編集「ギャル語辞典」も収録。小学館刊。

参考3　「MUSASHI―GUN道―」二〇〇六年四月からBS－i（現・BS－TB

S）で放送された、モンキー・パンチ原作の時代劇ガンアクションアニメ作品。かなり強引な仕上がりが逆に話題を呼びカルト的な人気を博した。

参考4『ギャルとギャル男の文化人類学』　数百人に及ぶギャルやギャル男の肉声から「イベサー」「ギャルサー」の内面、素顔に迫った書。新潮社刊（新潮新書）。

参考5　DJ OZMA「アゲ♂アゲ♂EVERY☆騎士」　二〇〇六年三月にリリースされたDJ OZMAのデビューシングル。オリコン初登場十四位を記録し、最高順位は四位。DJ OZMAはこの曲でNHK紅白歌合戦に出場したが、その際のパフォーマンスが問題となりNHKへの出入りを禁止された。

参考6　DJ DOC「RUN TO YOU」　一九九四年にデビューした韓国の三人組ヒップホップグループによる二〇〇〇年リリースのヒット曲。DJ DOCは発表アルバムがミリオンセラーを記録するK－POP界のスーパースター。

第三章　シャレとマジのリアリズム

「あちら側」の風景

ヤンキーと車がきわめて縁の深い関係であるように、ヤンキーと音楽もまた、切っても切れない関係にある。古くは矢沢永吉が在籍したキャロルから現代の氣志團↓DJ OZMAという流れがあり、その傍流に竹の子族や、よさこいソーラン祭りなどが位置づけられるだろう。ここにはもちろん、芸能人の多くがヤンキー的なたたずまいをごく自然に身にまとっているという、ナンシー関によって見出《みいだ》された風景もからんでくる。

僕は邦楽も洋楽もそれなりに愛好する音楽ファンだが、洋楽はオルタナ系、邦楽はもっぱらインディーズばかり聴いていることからも想像がつくように、ヤンキー的なニュアンスの強い音楽とは、きわめて相性が悪い。僕にとってその種の音楽は常に「あちら側」にある。

ならば、こちら／あちらの境界はどこにあるのか。

その線引きはなかなか難しいが、今の音楽業界で言えば、女性なら浜崎あゆみ、男性ならB'zをすんなり聴くことが出来るかどうかで、なんらかの区分けが出来るように思っている。ここで、浜崎あゆみはともかく、なぜB'z？　と不可解に感じた人もいることだろう。確かに、彼ら自身のたたずまいは、それほどヤンキー臭さは感じさせない。

ただ、浜崎と同様に、少しでもマニアックな音楽ファンなら彼らの楽曲は敬遠するはずだ。もし好んで聴くのならなんらかの言い訳（カラオケ用にとか、「実は一回転して大ファン」とか、音楽とは別の文脈で興味深い「現象」としてとか）を必要とするだろう。

こうした区分はけっして個人的なものではない。たとえば音楽雑誌「ロッキング・オン・ジャパン」は、決してB'zを取り上げることはない。この雑誌は基本的に、メタル系やビジュアル系を取り扱わないのだが、王道のヤンキー系とも相性がよくない。にもかかわらず綾小路翔《あやのこうじしよう》（氣志團）の著書はロッキング・オン社から出版されているが（参考1）、これは後述するように、彼がある種のパロディ的な、言い換えるなら批評的な醒《さ》めた視点を持つアーティストとみなされたからだろう。YOSHIKIではなく綾小路翔、というところがポイントである。

ちょうどこの問題について、興味深いやりとりがネット上に書き起こされていたので、引用してみたい。お笑い芸人ダイノジの大谷《おおたに》と大地《おおち》の対話だ。ダイノジ大谷がジャニーズの嵐を熱く語りながら、各グループのリーダー分析におよび、

大谷「リーダーっていうと、どっちかっていうと前に出て行く、で、SMAPがやっぱ凄《すご》いのは、リーダーがヤンキーだから」

（会場笑）

大谷「これ大事なんです！　ヤンキーって、日本の中でものすごい一定の量のね、セールスを持ってるんです」

おおち「おー」

大谷「そうそう、品川《しながわ》（品川庄司《しょうじ》）の小説が売れたのも絶対そうですから」

おおち「ヤンキー、あっそうか、なるほどな、どの世代にもヤンキーっているからな」

大谷「絶対いるんです！　日本的なもんなんです、これは確実に、それが居ると必ず売れるんです」

おおち「おー」

大谷「B'zだって絶対そうですよ、半分以上絶対ヤンキーが聴いてますよ、浜崎あゆみさんもね、絶対そう」

おおち「そうだよね」
大谷「そう、BOØWYもね、そうなんです、日本の文化的土壌に絶対あるんです、ヤンキーって」
おおち「湘南乃風《しょうなんのかぜ》もそうだもん」
大谷「絶対そうなんです、熱くてちょっとそういうの持ってる人っているんです」
（ダイノジ－ヨシモト∞　二〇〇八年九月十一日分「お笑い芸人のちょっとヒヒ話」より一部引用　http://d.hatena.ne.jp/notei/20090108/1231411572）

ダイノジ大谷の指摘はナンシー関の感性にきわめて近く、僕が本書で目指している「（社会学ならぬ）美学としてのヤンキー」という方向性からみても納得のいくものだ。ここでB'zが何気なくヤンキー側にくくられていることは重要である。サザンでもアルフィーでもなくB'zである、ということが。

少なくともメンバーである松本孝弘《まつもとたかひろ》と稲葉浩志《いなばこうし》には、〝ヤンキー歴〟がない。また楽曲についても――その奇妙な歌詞はともかく――ヤンキー臭さはそれほど濃厚ではない。にもかかわらず、ダイノジのリストの筆頭に置かれるということ。このあたりに、現代のヤンキー的なるものの位置がかいま見えるが、今は先を急ごう。

〝シャレ〟から〝マジ〟へ

ヤンキーと音楽の関係を考える上で、きわめて力強い羅針盤となったのが、近田《ちかだ》春《はる》夫《お》による「ヤンキー音楽の系譜」というテキスト（『ヤンキー文化論序説』河出書房新社　参考2）である。ヤンキー的なアーティストを網羅しているわけではないが、その構造的・歴史的な把握から、ヤンキー的なものの特質に至るまで、数多くの重要な指摘がなされている。

まず重要なのは、「キャロルの衝撃」について触れていることだ。

矢沢永吉が在籍したこの伝説的バンドが、いかにして受容されたか、近田は「現場に居合わせた」立場から、生々しく記している。

彼はまず「リーゼント」と「ヤンキー」の切っても切れない関係を述べる。それはロカビリーの時代からビートルズをへて、すでに「終わった」ヘアスタイルのはずだった。

「そうした背景のもとで突如としてその〝葬り去られた〟ともいえる髪型で現れたキャロルの衝撃を、何とあらわせばいいのか。なにしろそれまでずーっと〝ダサい〟の極みだったリーゼントを、全く無名のアマチュアバンドが、数分のTV出演という、たったそれだけのパフォーマンスで、あっさりとトップモード（？）に返り咲かせてしまったのだから……。それほどその時の彼らの存在は強く、また素晴らしかったと

いうことである」（前掲書）

近田はキャロルの登場を、日本の音楽市場において、ほとんど決定的なものとみなしている。つまり、ヤンキー的体質を決定づけたという意味で。いっぽう僕自身は、邦楽シーンにおいて遅かれ早かれヤンキー的体質の表現者の登場は必然であったと考えるため、若干異なった意見を持っている。ただし、キャロルの登場がヤンキーファッションの方向性にきわめて大きな影響をもたらしたことは疑いようがない。

興味深いのは、近田が彼らの音楽性については、それほど大きな影響を与えていないと述べていることだ。「ヤンキーにとっては、音楽は目的というよりむしろ手段であることが、結果的にみて多いからである。平ったく言えば、それは表現である前にまずビジネス（シノギ）なのだ」

そう、〝音楽性〟の問題はきわめて重要である。

この章で取り上げるヤンキー系バンドに共通するのは、ヒット曲や佳曲は数あれど、音楽シーンへの影響力は比較的弱い、という点である。テクニックはあるし一般大衆には強力にアピールするが、いわゆるミュージシャンズ・ミュージシャンとなる可能性は高くない。これには、彼らの活動における優先順位のトップが、必ずしも〝音楽性〟ではない、という事情も絡んでいるだろう。

ここで考えておくべきなのは、その「キッチュさ」についてだ。

キャロルやクールスあたりではさほど目立たないが、横浜銀蝿から氣志團へと至る流れを想定してもらえれば、「キッチュさ」もまた彼らの特質であったことに気付くのはむずかしいことではない。

これに関連して、近田の証言で重要なのは、ヤンキー音楽シーンにおける「シャナナ」というバンドの影響を指摘している点だ。

知られるとおり、矢沢永吉（＝キャロル）が手本としたのは、ビートルズをはじめとする８ビートのブリティッシュ・ロックンロールだった。しかし、キャロルの親衛隊としてデビューした舘《たち》ひろし率いるクールスは、４ビートのアメリカン・ロックンロールを目指しており、とりわけシャナナ（ＳｈａＮａＮａ 参考３）が重要であった。

クールスの動画をＹｏｕＴｕｂｅで観ることができるが、メンバーの岩城《いわき》滉一《こういち》はバイクを飛ばしつつ言うのである。「キャロルなんかも日本では良いバンドだし…世界でも…シャナナなんかに比べればまだまだだけど…結構来るんじゃない？（傍点筆者）」と。親衛隊にしてはずいぶんと醒めた発言だが、要するにシャナナはそれだけ彼らのアイドルだったということだろう。

不良＝リーゼント＝ロカビリーというイメージは、こうして強化されていくのだが、ここで重要なのは、そもそもシャナナ自体が「氣志團」であった、ということだ。どういうことだろうか。

彼らはコロンビア大学のア・カペラバンドを前身として、一九六九年に結成された。その音楽スタイルは、一九五〇年代の、当時すでにクラシックと化していた、ロックンロールのリバイバルというかパロディだった。

彼らの演奏風景も動画サイトで観ることができるが、コンサート会場は歓声よりも笑いに包まれている。そのデフォルメされた歌唱法やコミカルなダンスは、まさに氣志團を彷彿《ほうふつ》とさせるだろう。彼らは六九年八月に開催された音楽フェス、ウッドストックに出演したことで一躍注目を集め、五〇年代リバイバルに一役買ったとされる。

この証言が重要なのは、ヤンキー文化におけるパロディの位置付けがよくわかるためだ。というのも、シャナナがパロディなら、クールスはパロディのパロディということになるからだ。しかし実際には、クールスはパロディどころか、〝マジ〟で不良な連中のバンドとして人気を集めたのである。

やはりシャナナの決定的影響下から出発して、八〇年代にドゥワップを流行《はや》らせたラッツ&スター（元シャネルズ）についても触れておこう。リーダーの鈴木《すずき》雅之《まさゆき》が不良歴を持つなど、彼らもまたヤンキーテイストの強いバンドだった。顔を黒く塗りタキシードをまとった彼らのファッションは、ブラックミュージックのパロディにしかみえなかったが、その人気はシリアスなものだった。

後述するように、ヤンキーの美学においては、ギャグやパロディがメタレベルを形成しない。それは常にベタな形でイカしたものととらえられ、さらにパロディックなエレメントをめいっぱいはらみながらいっそう誇張され、それがまた新たな美学につながる、という特異な回路を持っている。

ここには歴史の断絶があるのか、むしろコピーのほうがいつのまにかオリジナルと化してしまうような、あたかも伊勢《いせ》神宮《じんぐう》の「式年遷宮」を思わせるメカニズムが働いているのか。これについてはまた後ほど検討しよう。

パロディということから、「横浜銀蝿」の存在がまず念頭に浮かぶのは自然なことだろう。第一章で、僕は横浜銀蝿の人気についてふれた。彼らの存在は邦楽において、というよりも、日本におけるヤンキー文化の受容史を考える上で、きわめて象徴的な意味を持っている。難波《なんば》功士《こうじ》『ヤンキー進化論』(参考4)でも、横浜銀蝿の解説には大きな分量が割かれているのには、こうした事情もあるだろう。

同書において横浜銀蝿は、八〇年代の日本においてツッパリをポピュラーなものにした「最大の功労者」と位置づけられている。

「八一年の『ツッパリHigh School Rock'n Roll(登校編)』では、〈今日も元気にドカンをきめたらヨーラン背負ってリーゼント　ツッパリHigh School Rock'n Roll　ツッパリHigh School Rock'n

Ｒｏｌｌソリも入れたし弁当も持ったし〉と太いズボンに丈の長い学ランで家を出て、〈くるくるパーマに長めのスカートひきずって〉いるカノジョと待ち合わせるが、〈駅についたらとっぽい兄ちゃんとガンのくれあいとばしあい〉〈タイマンはりましょ赤テープ同士で〉となる。ペチャンコにした学生鞄《かばん》に巻いたテープの色は、ケンカの売り買いの印」（『ヤンキー進化論』光文社新書）

前にも記したとおり、当時のこの曲の人気ぶりには凄《すさ》まじいものがあった。あきらかに不良文化とは無縁な一般人を大量に巻き込んでいたことが大ヒットの理由だったのだ。

歌詞をみてもわかるとおり、この曲は一種のコミック・ソングという側面を持っている。ここに描かれている「ツッパリ」イメージは、等身大というよりは二頭身のツッパリである。そこにはヤンキーを語る上で欠かせない重要な要素のひとつである「ファンシー」的な要素があった。僕の記憶では、発表当時この曲を「可愛いから好き」という声があったのがその傍証である。

もっとも、彼らの存在そのものは、必ずしも「純正」とは言い難い。メンバーには不良体験がなく、全員が大卒もしくは大学中退だった話は良く知られている。リーゼントにサングラス、革ジャンに白いドカン（ズボン）という彼らのファッションも、典型的な「ツッパリ」のパロディというニュアンスが確実にあった。少なくとも一般人にとっての横浜銀蝿はそういう位置づけであったはずだ。

だから、彼らの存在が記憶されるとすれば、それは〝音楽性〟によってではなく、そのスタイルによって、ということになるだろう。

彼らの受容のされかたが興味深いのは、どうみてもパロディであることが明らかであるにもかかわらず、その存在が広く本物の不良たちに支持されたことだ。

八〇年代初頭、「パロディとしてのツッパリ」は、同時多発的に人気をはくしていた。漫画で言えば『ビー・バップ・ハイスクール』(参考5)や『ヤンキー烈風隊』(参考6)のような、ギャグの要素を多く含んだものが人気を集めている。

あるいは「なめ猫」(正式名称「全日本暴猫連合 なめんなよ」)の大ヒットも横浜銀蝿のデビュー時期に重なっている。初代のなめ猫グッズは一九八〇年から一九八二年まで発売され、ポスターは六百万枚、免許証風のブロマイドは千二百万枚を売り上げたという(ここにも「ヤンキー」と「ファンシー」のきわめてスムーズな融合ぶりがみてとれる)。

バンドで言えばもうひとつ、「アラジン」の存在を記しておこう。名古屋商科大学フォークソング同好会を前身とするこのバンドは、〝完全にシャレのつもりで作った〟楽曲、「完全無欠のロックンローラー」でポプコンと世界歌謡祭のグランプリを受賞しデビュー、曲は大ヒットとなったがバンド自体は一発屋で終わっている。この歌に登場する非モテのロック少年が憧《あこが》れるのは「永ちゃん（矢沢永吉）」であり、不良こそ描かれていないが、ヤンキー的なアピール性は高い。

ここで僕が指摘しておきたいのは、八〇年代初頭のヤンキー・ブームが、この時点ですでに、ややノスタルジックなパロディであったという事実である。言い換えるなら、〝シャレ〟と〝マジ〟の境目が曖昧《あいまい》になりやすいヤンキー文化の特色は、この時期にはっきりと確立されたのではないか。それは、さきほど述べた「メタレベルの欠如」として、その後も幾度となく繰り返されることになるだろう。

雑食性と適応性

八〇年代初頭のヤンキー系音楽で、やや特異な位置づけをもつバンドに、アナーキー（ＡＮＡＲＣＨＹ、亜無亜危異）がいる。バンド名がセックス・ピストルズの楽曲「アナーキー・イン・ザ・ＵＫ」に由来することからも判るとおり、彼らは反体制志向のパンクロック・バンドだった。

横浜銀蝿やアラジンとはことなり、メンバー全員が暴走族上がりの元不良である。デビュー当時のファッションは旧国鉄の作業服に赤い腕章という左翼的なもので、ヤンキーのほとんどが保守反動との親和性が高いことを考えるなら、いかに彼らが特殊な、あるいは境界線上の存在であったかがわかるだろう。

アナーキーはインディーズ時代を経ずにいきなりメジャーデビューしているが、ラジオなどではいわゆる「東京ロッカーズ」（参考7）などに近い文脈で紹介されることも多かった。しかしその一方で、彼らのコンサート会場には特攻服姿の若者が多数つめかけたことからも判るとおり、現役ヤンキーたちからの支持も厚かったようだ。

当時の印象を思い起こすなら、個人的にはアナーキーよりも、HOUND DOGなどのほうが、ヤンキー系の印象ははるかに強いものだった。ボーカルの大友康平《おおともこうへい》にしても、キャロルやロッド・スチュアートの影響が強く、その〝歌い上げる〟感じやロマンティックな歌詞にしても〝王道〟に近い。この印象は〝音楽性〟の違いにも由来するのかもしれない。

ドキュメンタリー映画「アナーキー」（二〇〇八）によれば、アナーキーは日本の音楽シーンにさまざまな影響を残している。甲本《こうもと》ヒロト、山下達郎《やましたたつろう》、小泉今日子《こいずみきょうこ》らが彼らの熱狂的なファンだったという意外な事実が明かされている。

しかし、リアルタイムで彼らをみてきた僕の記憶からすれば、彼らの存在もまた〝シャレ〟と〝マジ〟が重なり合うような境界線上にあったように思われてならない。その音楽性は、ピストルズやクラッシュのスタイルを、その変遷も含めて忠実になぞっている。八〇年代にそれをやることが、否応《いやおう》なしにパロディ的な色彩を帯びてしまうことに、彼らが自覚的でなかったはずはない。

政治色の強い歌詞にしても、ある種のパターンをなぞっている感は否めない。むしろ「左翼に目覚めた不良」的なナイーブさが、彼らの存在のキュートネスを支えていた可能性もある。天皇制批判で放送禁止となった「東京イズバーニング」にしても、天皇という存在の〝裕福なごくつぶし性〟を罵倒《ばとう》するのみで、政治的批判としては的を外しているとしか言いようがない。要するに日本でピストルズの「God Save the Queen」をやってみたかっただけ、に見えるのだ。

いささか辛辣《しんらつ》な書き方になっているかもしれないが、その後の彼らがかなり意識的に〝音楽性〟を深化させようという志向を持っていたのは理解できる。少なくとも、ここで取り上げた一連のヤンキー系バンドの中で、僕が最も親しみを覚えるのは彼らに対してだ。

難波は彼らの存在に、階級闘争の可能性をみているが（前掲書）、ファンにどこまでそうした意識があったかは疑わしい。〝現象としてのアナーキー〟が興味深いのは、むしろヤンキー文化の柔軟性であり、あるいは雑食性がそこにみてとれるからだ。彼らはきちんと〝手順〟さえ踏めば、〝パンク〟や〝左翼〟すらも受け入れることができる、という意味で。その気になれば、一見対極にあるはずのパンクすらスタイルとして取り込んでしまう、まさにハンパではない適応力を証《あか》す存在が、アナーキーなのだ。

さて、八〇年代のヤンキー系音楽という文脈では、アナーキー以上に特筆すべきバンドがある。BOØWYである。このバンドの評価については、近田春夫の辛辣ながらもきわめて的確な整理があるので、ここで紹介しておこう。

近田によれば、彼らは日本におけるビジュアル系の開祖であり、同時にヤンキー体質をそこに必然的に結びつけたという意味を持つ。

「氷室京介《ひむろきょうすけ》などを見ていると、むしろ無意識のうちに矢沢永吉の持つ色気やカリスマ、そして《商売っ気》を吸収してしまった感じがするのだ。そのことを一番強く思うのが、日本語を英語風に発音する歌唱法である」（前掲書）

この指摘はいろいろな意味で見事である。それが戦略ではなく無意識である、ということも含めて。僕はこの指摘によって、もうひとつの謎が解けた気がした。この本の冒頭で述べたヤンキー美学のひとつ、なぜ彼らはATSUSHIやYOSHIKIといった、独特の表記にこだわるのか、という美学的問題。

これは彼らが好む英語的日本語、あるいは日本語的英語というハイブリッド志向の産物ではないか。たとえば氷室京介の書く歌詞は、英単語の含有率がきわめて高い。こうしたハイブリッドなバタ臭さもまた、ヤンキー文化の本質のひとつではないだろうか。

もう一点、近田の指摘で興味深いのは、BOØWYにおける外見と音楽性のギャップに触れている点だろう。

「ロックというのにはなんだか〝TVの歌番組的に〟分かりやすい印象で、〝女の子好み〟な甘い旋律と、彼らのいかにもヤバそうな佇《たたず》まいの間にギャップのようなものを感じたのだった」

これを歌謡曲的とまで言ってしまえば、いささか酷かもしれない。少なくとも初期のBOØWYの楽曲は、きわめてニューウェーブ色が強いものが多く、後期になるに従って次第に商業的なものになっていったという印象がある。そう、アナーキーがパンクを消化したように、BOØWYはニューウェーブを消化した最初のヤンキー系バンド、という位置づけでもあるのだ。

とはいえ、次のような近田の整理は、やはり見事というほかはない。

「ヤンキー的ミュージシャンの系譜ということを眺めた時、先《ま》ずキャロルの登場による『目覚め』があり、その市場的可能性を、プロデューサー的に分析し具体化させたのが横浜銀蠅で、本能的に本質を受け継いだのがBOØWYである。そして音楽性そのものにはそれほどのこだわりもない、というのがここまでの考えである」

一九八八年にBOØWYは解散し、彼らと入れ替わるように人気を博したのはインディーズ出身の「X」（のちの「X JAPAN」）だった。

ファーストアルバム『VANISHING VISION』がリリースされたのが、

ちょうど一九八八年のことであり、メジャーデビューはその翌年であるため、〝入れ替わり〟感はことのほか強い。

影響を受けたバンドに「キッス」を挙げていることからもわかるとおり、彼らはジャンル的にはハードロックもしくはヘビーメタル、さらにくわしく言えば「スラッシュメタル」に分類される。また、BOØWY以上のド派手なルックスをもって、彼らこそ「ヴィジュアル系」の先駆者とする見方もある。

彼らのヤンキー性については、僕が解説するよりも、以下の対談を読んでもらうほうが早いだろう。

前田：1995年までの、XとCOLORの影響下にあったとされるビジュアル系の格好って〝武装〟だと思うんですよ。

ばるぼら：ヤンキー的な？

前田：威嚇するような、目立つというか、生殖器みたいな（笑）。初期のXのライブで「気合入れろ！」って煽《あお》ってるけど、たしかにあれだけ髪染めて長くてあの格好してたら、気合入れないと生活できないわけだから。カツラじゃないし、コスプレでもないし。その辺で「気合入れろ」ってのはわかる気もする。前人未到の領域にこれから入っていくって感じはたしかにあったなと、今考えるとわかる。でも1996年のマリスミゼルくらいになると〝武装〟じゃなくなると思うんですよね。（「ばるぼら×

前田毅《まえだたけし》～ビジュアル系対談：激突‼血と薔薇《ばら》【後編】」http://sniper.jp/300special_issue/3002feature/post_1646.html）

ただし、彼らは後続のさまざまなバンドに影響を与えているとされる。リーダーのＹＯＳＨＩＫＩは卓越したドラムテクニックのみならずピアノも巧みに弾きこなす天才肌のアーティストだ。彼らの音楽性について近田春夫は触れていないが、「Ｘ」もまた「作品」よりは「商品」を生み出すバンドだったのだろうか。

本章で取り上げたアーティストの中でも、ある意味最も極限的な形でヤンキー性を体現しているＹＯＳＨＩＫＩ。彼はクラシックの素養が豊かであり、この本の冒頭でもふれたように、一九九九年には「天皇陛下御即位十年をお祝いする国民祭典」の奉祝曲としてピアノ協奏曲ハ短調「Ａｎｎｉｖｅｒｓａｒｙ」を作曲し、式典で御前演奏している。

クラシック三昧《ざんまい》で育てられた彼がドラムをはじめるきっかけとなったのは、キッスの『キッス・アライヴ！～地獄の狂獣』と、母親に頼んで連れていってもらったキッスの武道館公演だったという。

知られるとおりキッスというバンドは、必ずしもその音楽性の高さで評価されたバンドではない。むしろ歌舞伎を思わせる奇抜なメイクやコスチューム、火を吹いたり口から血を流したりするおどろおどろしい――やりすぎな――パフォーマンスで有名になったバンドだ。

僕は彼らの音楽も好んで聴くが、少なくとも音楽性において革新的なバンドでは全くない（『地獄の軍団』は名盤だが）。ベーシストのジーン・シモンズが優秀な実業家であることからもわかるように、彼らの音楽活動は緻密《ちみつ》に計算された音楽ビジネスという側面を持っている。

加えて当時、レッド・ツェッペリンのジョン・ボーナムや、クイーンのロジャー・テイラー、レインボーのコージー・パウエルなど（参考8）、中学生が憧《あこが》れそうなドラマーは他にいくらでもいたはずだ。あれほど音楽的素養に恵まれながら、YOSHIKIがキッスのまがいもの性に魅せられてしまうこと。ここにシャナナとクールスの関係の反復をみるのはゆきすぎだろうか。

少なくとも僕の知る限りでは、Xの楽曲は非常に美しい旋律を持ってはいるが、音楽的に突出したオリジナリティがあるとは思えない。アーティストとしてのYOSHIKIの評価が難しいのは、彼の楽曲が難解なためではなく、彼が何をしたいのか、どこへ行こうとしているのかがまったく分からないためである。そう、近田もこんなふうに指摘するように。

「彼（YOSHIKI）のこの先行く道に待っているものは何なのかと思うと、物凄《ものすご》い大成功か気の遠くなるような地獄か、いずれにせよ絶対に〝ほどほど〟というのはあり得ない気がするだろう。ダイナミクスというなら、未来にこれだけのハラハラしたものを、今我々に想像させてくれる音楽家も、他にはいないと思うのである」

九〇年代のヤンキー系音楽を席巻《せっけん》したのが「X」であったとするなら、ゼロ年代は「氣志團（→DJ OZMA）」の時代だった。少なくともヤンキー系に関していえば。

彼らは木更津《きさらづ》出身でヤンキー経験のあるメンバーによって構成され、八〇年代のヤンキー・スタイルをいっそう極端にしたようなリーゼントに学ランというファッションと、見かけによらない甘く切ない楽曲―それはもはや「ヤンキー系」においては定番のギャップなのだが―によって熱狂的に支持された。

代表曲である「One Night Carnival」は、サザンの「チャコの海岸物語」がGSのパロディであったのと同じ意味で、ヤンキー系音楽を総括するようなパロディックで甘い歌詞が印象的だった。彼らが登場した当時、僕はその活躍ぶりを興味深く見守りつつも、彼らが横浜銀蠅以上にフェイクなバンドであるとなぜか確信していた。おそらくは大卒の洋楽オタクが、お遊びでやったらたまたま当たってしまったのだろう、と。

その読みは完全に外れだったが、そう考えたのには理由がある。「One Night Carnival」に、尾崎豊《おざきゆたか》の歌詞が引用されていたからだ。「行儀良く真面目なんてうんざりだった」「捨て猫みたいな俺達に 帰る場所なんてもう何処《どこ》にも無かった」などなど。本章では取り上げる余裕がなかったが、尾崎の受容層はヤンキー系（一部含まれるにせよ）とはかなり異なっている。その尾崎の歌詞を引用しているということは、「これはシャレですよ」というアピールに違いないと、僕は勝手に誤解していたのだ。

リーダーである綾小路翔自身は、自伝によればきわめて雑食的なアーティストであるため、どういった音楽ジャンルを目指しているのかが、いまひとつ定かではない面もある。

しかし、キャラクター設定上は綾小路の「友人」とされるDJ OZMAは、その代表曲である「アゲ♂アゲ♂EVERY☆騎士」が韓国の歌手のDJ DOCの「RUN TO YOU」（原曲はボニーM「Daddy Cool」）のカバーであることからも分かるとおり、ブラックミュージックを志向しているようだ。これは彼がプロデュースに加わったユニット「矢島《やじま》美容室」（シュープリームスのパロディ）のヒットチューン「ニホンノミカタ―ネバダカラキマシタ―」において、いっそう明確なものになっている。

かねてからその近縁性が指摘されていた黒人文化と、ヤンキー文化の融合が、たまたま目論《もくろ》まれたとは考えにくい。このあたり〝策士にみえて実は天然〟を装う策士という綾小路翔（＝DJ OZMA）の本領発揮、という印象もある。

彼の存在は、ヤンキー系におけるパロディの位相を、より明確なものに更新してくれたという点で重要だ。この点については、綾小路自身による興味深い発言がある。

「よくキャラクター設定がすごいよねっていわれるんですけど、そういうのはまったくしてないです。好き勝手にやってもらってる状態で、それをすごく作ってるかのように見せることができたとしたらすごいなあって思いますけど。だから、氣志團はすべて逆の発想でやってるつもりなんですよね。俺たちがすごい作り物に見えて、でも実は全然作り物じゃないって言う事実を知ったら、きっとまた面白いだろうと思うし。俺たちって凄《すご》いコスプレ感覚にも見えるだろうし、いまだにちょっと仕事で関わったぐらいの人だとヅラだと思ってる人が結構いっぱいいるんですよ」（綾小路翔『瞬《まばた》きもせずに』ロッキング・オン）

そう、彼らがさまざまな音楽のスタイルを引用し、あるいはフェイクとして活用する背景には、「ギャップを楽しむ」という感覚が潜んでいること。この点はのちに触れる「ヤンキーとファンシーとの関係」を検討する上で有効となるだろう。

リアリティの位相

ここまでの流れを、いったん整理してみよう。

まず重要なのは、ヤンキー系音楽においては、音楽性よりもスタイルが先行するということだ。それゆえ彼らはフェイクやパロディであることにも、なんら躊躇するこ とはない。それはヤンキー文化圏にあっては、〝シャレ〟と〝マジ〟が容易に重なり合い、時には融合してしまうことを知っているからだ。

　彼らの強みは、ロックンロールからパンク、メタルまで、あらゆるジャンルを取り込む雑食性だ。そう、キャロルがブリティッシュロックを、クールスがロカビリーを、アナーキーがパンクを、BOØWYがニューウェーブを、さらにXがメタルを消化吸収したように、である。

　さらに彼らは、そのジャンルの中で突出した成功をおさめてしまう程度の適応力は持っている。そこにはおそらく、歌唱力を含む彼らの高い身体能力が関係するだろう。

　彼らの楽曲に共通する特徴としては、大きく分けて二つある。

　ひとつは「機能的」であるということ。彼らの音楽は、おおむね〝使用目的〟がはっきりしている。そのひとつが、前にも触れた「アゲる」こと、気合を入れることだ。あるいは笑わせてくれたり、甘い感傷に浸らせてくれたりする場合もあるだろう。僕が言いたいのは、彼らの音楽が、それぞれのシーンに合わせて感情を操作するためのはっきりした方向性を持っている、ということだ。この点において曖昧《あいまい》さはまったくない。

　もうひとつは「自己投影」の希薄さだ。パンクであるアナーキーにしても、ニューウェーブのBOØWYにしても、彼らの楽曲にはアーティスト自身の「実存」がそれほど反映されていない。この点は彼らの「政治性の希薄さ」にも関係するだろう。アナーキーの歌詞にしても、どこか型にはまった一般論に聞こえてしまうのは、このためかもしれない。

もっともこうした希薄さは、楽曲の機能性においてはプラスに作用するだろう。聴きやすく、あるいは聴き流せる音楽、という意味で。

以上二つの性質は、ヤンキー系のすべての音楽に共通する「現実志向」に由来すると考えられる。先にも述べたとおり、彼らの活動において「音楽性の追求」は最優先課題ではない。優先されるべきはまず商業性であり、あるいは彼ら自身のスタイル（＝生き様）の主張と確立だ。

実は冒頭でふれた「あちら側」と「こちら側」を区分する線はここにある。僕自身の趣味としては、やはり音楽性を追求する音楽、音楽のための音楽を聴きたい志向が強くある。ヤンキー系の音楽は、その巧みな作りや存在自体が醸し出すアイロニーへの関心はあるが、音楽そのものには積極的な関心を持てない。これは「なにをリアルと感ずるか」という問題なので、好き嫌いよりも根源的だ。

ベタなことを言えば、僕はこうした「現実志向」が、ヤンキー系アーティストに共通する「生活苦」にも根ざしていると考えている。これは貧乏であったり虐待を受けたりということばかりを意味しない。族に入って喧嘩《けんか》三昧《ざんまい》の日々を送ったり、長い下積み生活でリアルに苦労をしたりといった経験もふくめてのことだ。

この点については、なんといっても矢沢永吉の経歴が極めつけだろう。三歳で母親が家出し、小二で父親が亡くなって親戚《しんせき》中の家をたらい回しにされ、最終的に祖母に引き取られ、小五から清掃、牛乳配達、新聞配達、フィルム配達などのバイトをはじめるなど、当時でもあまり例がないような悲惨な子ども時代を送っている。中学時は不良だった矢沢を変えたのは、ラジオで聴いたビートルズとデール・カーネギー『人を動かす』（参考9）だった。

ポップ・ミュージックに革命をもたらしたバンドと、古典的な自己啓発書とが同列に置かれること。その是非を問うのではない。つまり矢沢は「過酷な現実を慰撫《いぶ》する道具」として、音楽と出会ってしまったのではなかったか。

こうした出会いはひとの「リアリティの位相」に大きく影響する。このようにして音楽と出会ってしまったら、ひとは常に「現実との関係」において、音楽を消費し、あるいは制作するほかはなくなるのではないか。

もちろん、それが良いとか悪いとかの話ではない。ただ、そうした地点からもたらされる「ヤンキー的リアリズム」が、ロマンティシズムとプラグマティズムの奇妙な混交物になってしまうという謎については、さらなる検討が必要になるだろう。

参考1　ロッキング・オン社から刊行されたものは『瞬きもせずに』『夢見る頃を過ぎても』の二冊。共に語り下ろしの自伝。二〇〇三、〇四年発表。

参考2　『ヤンキー文化論序説』五十嵐太郎《いがらしたろう》、都築響一《つづききょういち》、宮台真司《みやだいしんじ》、斎藤環、酒井順子、近田春夫、永江朗《ながえあきら》、速水健朗らによる評論集。ヤンキー文化を、思考や行動様式、ファッション、音楽、漫画、映画、アートなど多面的に論じている。

参考3　一九六九年に、アメリカのオールディーズ・リバイバルをコンセプトにデビュー。母体はコロンビア大学のア・カペラバンド。同年のウッドストック・フェスティヴァルにも出演。リーゼントスタイルで歌って踊るパフォーマンスで強烈な印象を残した。元ヴィーナスのコニーとアルバム『ゼン・ヒー・キッスド・ミー』を九九年にリリースしている。

参考4　『ヤンキー進化論』映画やコミック等の資史料をもとに暴走族、ツッパリ、ギャル等々、ヤンキー文化四十年の変遷を一覧する書。光文社新書。

参考5　『ビー・バップ・ハイスクール』きうちかずひろ作。主人公はヒロシとトオルのツッパリコンビ。一九八三年から二〇〇三年まで「週刊ヤングマガジン」に連載され、単行本は全四十八巻。後半はギャグ要素が強まった。一九八五年には仲村《なかむら》トオル、清水宏次朗《しみずこうじろう》主演で実写映画化され、以後シリーズ全六作が上映されている。

参考6　『ヤンキー烈風隊』もとはしまさひで作。「月刊少年マガジン」に七年間連載。全二十八巻のコミックスは総計で六百五十万部を発行。のち『新ヤンキー烈風隊』も生まれた。一九九五年には実写化もされた。

参考7　一九七〇年代後半に六本木《ろっぽんぎ》を中心として活躍していたバンドの総称。フリクション、リザード、ミラーズ、ミスター・カイト、S―KENの五つが代表的。七九年に発売されたアルバム『東京ROCKERS』にて取り上げられた。ジャンルはパンク、もしくはニューウェーブ。

参考8　ジョン・ボーナム、ロジャー・テイラー、コージー・パウエル　ジョン・ボーナムは、ロックで考えられるドラムパターンは彼が生前に叩《たた》き尽くしたと言われるほどの名ドラマー。一九八〇年に多量の飲酒から吐瀉《としゃ》物を喉《のど》に詰まらせて窒息死。ロジャー・テイラーは、ボーカルを担当するほどの高い歌唱力、数々のヒット曲を生み出した作詞作曲能力など、マルチな才能が評価されているドラマー。コージー・パウエルはジェフ・ベック・グループ、レインボー、ホワイトスネイク、ブラック・サバスほか数々のバンドで活躍した、こちらも名ドラマー。九八年に交通事故死。

参考9　一九三七年の発表（日本語版も一九三七年発売）。七十五年たった現在も売れ続け、累計部数は世界で千五百万部、日本で四百三十万部。自己啓発書の元祖と称されることも多い。

第四章　相田みつをとジャニヲタ

ヤンキーとキャラ

良く知られた事実だが、某巨大匿名掲示板では「ヤンキー」は「ＤＱＮ（ドキュン、あるいはドキュソ）」と呼ばれる（その理由については検索などで確認されたい）。ともかくこの場所ではＤＱＮは罵倒《ばとう》語の一種だ。なぜなら掲示板住人にとって、ＤＱＮは共通の敵であるのだから。それゆえ、ＤＱＮにまつわる笑えるエピソードには事欠かない。

以下に引用するのは、比較的有名なＤＱＮコピペ（くり返し引用されるエピソード）のひとつだが、ここにはヤンキー的な美意識がどのような形で受け継がれていくのかが、かなりリアルに描かれている。もちろんフィクションである可能性は否定しないが、僕自身は、少なくともこのようなことが本当に起こりうることを信じてしまっている。まずは読んでみてほしい（差別的表現も含まれるが、「引用」ゆえご容赦願いたい）。

「俺はブルーカラー系の仕事をしてるのだが、やはりこの仕事は周囲のDQN率が高い。

先日、特にいかついSさんと一緒に仕事をする機会があった。

Sさんはいかつい感じの髭《ひげ》と首にぶっとい金ネックレスをしてるおっさんなのだが、話してみると意外にも普通っぽい。

段々と打ち解けてきて『俺、Sさんってもっと怖い人だと思ってましたよ。首にぶっとい金ネックレスなんかしてるし』

と言ったら、Sさんいわく『ははw俺のところなんかは土方との付き合いも多いでしょ？　だから、こういう恰好《かっこう》してると土方のいかつい兄ちゃん達に舐《な》められなくて便利なんだよ。ほら、Oさんとか怖い人にも一目置かれないとダメだからね。』とのこと。

で、そのOさんとも一緒に仕事する機会があったのだが、そのOさんも意外と普通っぽい感じだった。

（ちなみに、Oさんはいかつい髭にパンチパーマみたいな髪型をしてる）

それでOさんにも似たようなことを言ったら、Oさんいわく『俺らの同業者っていかついの多いでしょ？　やっぱ舐められちゃうと仕事がやりづらいじゃない。だから

Sさんみたいな怖い人にも対等に話せるように無理してるんだよw』
ちょまっwひょっとして、みんなしてDQNのフリしてるってオチじゃねえだろうな?」

　このエピソードのポイントはおそらく「みんな本当はDQNのフリをしていた」ではない。むしろこの「言い訳」にこそ、ヤンキー文化の本質があるとも言える。ここには「欲望は他者の欲望である」というラカニアンの常套句《じょうとうく》が、もっとも理想的な形で反映されているからだ。

　どういうことか。

　通常この言葉は「みんなが欲しがるものを私も欲しい」という意味に解釈されやすい。でも僕の考えでは、それではまだ舌足らずだ。欲望の最も本質的な形式はこうだ。「私はそうでもないけれど、みんな欲しがるから、私もそれに合わせて仕方なく〝欲しがっているふり〟をしているだけなんだ」これである。

　欲望とは、欲望を演じている場所に、最も如実にあらわれる。

　上記のエピソードに出てくるSさんやOさんは、「他人に合わせるために仕方なくやっている」という形で、自らの本当の欲望を吐露している、とも考えられるのだ。

　僕はとりわけヤンキーファッションに、そうした傾向が強いと確信している。彼らが、それを本当に好きこのんでやっているのかどうか。だぼだぼのジャージにプリンの金髪、「ぶっとい金ネックレス」に女物のサンダル、それは彼らがすすんで「選択」した結果なのだろうか。

尋ねられれば彼らは一様に、「仕方なくやっている」と答えるのではないか。いや、これはファッションに限った話ではない。僕の考えでは、ヤンキー的な「キャラ」の成立においても、こうした相互性や影響関係が強く作用しているように思われてならない。

前の章で僕は、ヤンキー系の音楽について取り上げた。

そのとき、ひとつ十分に掘り下げられなかったことがある。それは「キャラ」の問題だ。DJ OZMAの綾小路翔はメンバーの「キャラクター設定」についてふれていた。つまり、それが意図的なものではない、と。これはきわめて重要なポイントである。ヤンキー文化を語る上で「キャラ」の問題は決して避けて通れないからだ。

ただしそれは、「ヤンキーキャラ」に限った問題ではない。むしろ逆である。この問題は、もっとずっと、根が深い。

僕の仮説はこうだ。「(日本人が)キャラ性をきわめていくと必然的にヤンキー化する」。ここで(日本人が)と限定がついているのは、さしあたり「ヤンキー」という言葉が実質的に日本語圏でしか通用していないという現実をふまえているためで、ここからなんらかの「日本人論」を意図しようというわけではない。
キャラで勝負する業界と言えば、なんといっても芸能界、とりわけお笑いはそうした要素が強い。現代のお笑い人気を支えているのがヤンキー的感性であることはほぼ間違いないからだ。かなり古い話になるが、松村邦洋《まつむらくにひろ》が高校時代にヤンキーにいじられていた話は有名だ。単なるいじめではなく、彼らの前でモノマネをさせられてはネタにダメ出しをされていたらしい。松村自身がその「教育」に感謝している文章を読んだ記憶がある。
日本のお笑いの特殊性は、そのかなりの部分が芸人のキャラに依存して成立している点である。ネタを文章に起こしても十分に笑える芸は松本人志《まつもとひとし》や爆笑問題などの数少ない例外を除けばそれほど多くない。つまり自立したギャグとしての面白さ以上に、まず「笑えるキャラ」を成立させることがはるかに重要となる。いったんキャラが立ってしまえば、登場するだけで場が温まってしまうため、ゆるいネタでも十分に笑いが取れるのだ。

キムタク=相田みつを?

しかしこの章で僕が取り上げるのは「お笑い」ではない。なんと「ジャニーズ」である。

日本の芸能界における中核的トポス。それが「株式会社ジャニーズ事務所」だ。古くはフォーリーブスやシブがき隊、SMAPやTOKIOは言うまでもなく、最近では関ジャニ∞や嵐が人気を呼んでいる芸能プロダクション。一九六二年の「ジャニーズ」のデビューから実に半世紀もの間、日本の芸能界に君臨し続けたと言っても過言ではないその存在には、芸能界的美意識のエッセンスが凝縮されている。

ならばジャニーズは、いかなる意味でヤンキー的なのだろうか。

ジャニーズ所属のタレントには中居正広《なかいまさひろ》をはじめ、広義のヤンキー出身者が少なくないと聞くが、しかしここでは、そういうベタな検証がしたいわけではない。

僕はかつてSMAPの木村拓哉について、酒井順子氏との対談で次のように述べたことがある。

「夫婦ということで言えば、木村拓哉・工藤静香夫妻が究極ということになるでしょうか。工藤静香は当然としても、キムタクという人はある意味、ヤンキー文化の最も洗練されたスタイルの体現者だと思いますね。不動の人気の理由は、そこではないでしょうか」（『「性愛」格差論』中公新書ラクレ）

そう、もはやトップアイドルと言うよりは、トップ芸能人として不動の座を確立した感のある「キムタク」に、僕はヤンキー美学の理想型をみる。これは決して否定的評価ではない。むしろヤンキー的な美学には、日本人にとってさまざまな可能性が秘められていると言っても過言ではないからだ。

ヤンキー系と言うよりはB-BOY系とみなされてきたキムタクのどこに、ヤンキーの美学がみてとれるのだろうか。

ひとつには、前の章で音楽について述べたような適応能力の高さが挙げられる。「Wikipedia」にある「木村拓哉」の項目には、彼の趣味として「サッカー観戦、サーフィン、ダーツ、ビリヤード、釣り、カメラ、映画鑑賞、音楽鑑賞（ローリング・ストーンズ、ボン・ジョビ、エアロスミス等のファン）等、多趣味で知られる」とある。

またあろうことか「アニメが好きで、特に『銀河鉄道999』などの松本零士《まつもとれいじ》作品に思い入れがあり、二〇〇二年五月二十七日放送の『SMAP×SMAP』では木村自身がハーロックに扮《ふん》するコント『アルカディア2002』後編にて原作者の松本と共演もしている。その際、木村は当コント内で『小学校の頃の理想のタイプはメーテルだった』と答えている。また、『機動戦士ガンダム』にも思い入れがある。漫画『ONE PIECE』が愛読書で入浴中や移動中の時によく読んでいる」とあり、オタク的感性にすら親和性が高いことがうかがえる（※もっとも、対極に見えるヤンキーとオタクには、実はいくつも意外な接点があり、必ずしも「水と油」ではないことが知られている。この点については後で取り上げる）。ちなみに僕は『ONE PIECE』の人気について、それが「ヤンキーの一人も出てこないヤンキー漫画」を極めたためと考えている。

ともあれ、こうした過剰適応とも言える順応性は、SMAP内のセクシー部門担当というキャラを超えて、唯一無二の「キムタク」という固有のキャラを確立するに至っている。ただし、それがあくまでも「キャラ」である点に注意されたい。

木村拓哉という存在は、本人の意図はともかくとして、「木村拓哉」という固有名の単独性において認識されていると言うよりは、「キムタク」というキャラとして認知されている。僕が思うに、これは芸能人にとって望みうる最高のステイタスであると同時に、この点にこそヤンキー美学の究極の達成がある。

おそらく木村拓哉の「ヤンキー性」は、彼が「語る存在」ならぬ「語っちゃうキャラ」を演じ（させられ）ている、という点にきわまっている。こころみに、彼の「語録」から引用してみよう（アートブック編著『木村拓哉語録―努力するのもカッコイイなと思えてくる』コスミック出版　参考1）。

「後に何も残らないぐらいの燃焼。仕事は〝最高の遊び〟と思っていたい」

「生き方としてタンポポの生き方を目指している。タンポポって、種が飛んでった先で根を張るでしょ。そこに土と水があれば、花を咲かせちゃうんだからすごいよね」

「あがいている自分が好き。無理だと思っていることにチャレンジしているときが、

「まわりが見たらダサイことでも、本人に使命感や責任感があったら、それはカッコイイ。そいつの本気がいちばんカッコイイんだよ」

「みなさん僕が主役といってくれるけど、僕はドラマを作る全員の共同作業だと考えています」

「魅力的でいるために必要なこと？　う〜ん、ちゃんと笑う、心底笑うときがあって、心底悩んでるときがあって、心底楽しめるってことじゃないかな？」

「生きていればさ、いろいろあるよ。特別に寒い日だったり、特別に暑い日だったり、特別に波がいい日だったり、特別に機嫌がいい日だったり……その時々で、『イエーイ！』っていう感動があれば、それでいい」

なるほど名言が多い。その点は認めよう。言葉もオリジナルだ。糸井重里《いといしげさと》が感銘を受けたのもよくわかる。ただ忘れるべきでないのは、一般にコピーライターという職業は、ありきたりな概念をオリジナルな言葉に置きかえる作業である、ということだ。新たな概念を生み出す仕事ではない。

キムタク語録をみて僕がまず連想したのは、これもまたひとつの「相田みつを」ではないか、ということだった。ジャニーズのトップアイドルと『にんげんだもの』の詩人の感性に、一体何が共通しているのだろうか。

まず、徹底して「ベタ」であること。いずれの言葉も背景に高い知性を感じさせつつ、アイロニカルな感性をみじんも感じさせない。意外なほど現実志向、実利志向が強く、今日からでも人生に活《い》かせそうな効能がある。内容は真摯《しんし》かつ実用的だが、そのぶん自己啓発的な印象もあって、斜に構えたネット住民の反発は買いやすいだろう。徹底して現状肯定的であること。彼らは個人が社会を変えられるとは夢想だにしていない。わずかでも変えられるのは自分だけであり、社会が変わりうるとしても、それは結果論でしかない。この発想は謙虚さや柔軟性をもたらし、問いつつ学んでいくという逞《たくま》しさにもつながるだろう。

ところで、僕がここで相田みつをを連想したのは、もちろん速水健朗の『ケータイ小説的。――〝再ヤンキー化〟時代の少女たち』（原書房）を読んでいたためでもある。速水はケータイ小説を「浜崎あゆみ」の歌詞を手がかりに読み解き、そこに「再ヤンキー化」の徴候をみてとる。ここで速水は（ヤンキー雑誌である）「ティーンズロード」（参考2）の読者層と浜崎あゆみファンをつなぐものとして、「相田みつを」の名を挙げるのだ。

速水はヤンキー文化の特徴として、地元志向、つながり志向、内面志向、実話志向、などを挙げているが、これらはいずれも広義の保守的感性を意味している。事実、速水が指摘しているように、ヤンキー文化は必ずしも「反社会的」ではない（その意味からも「尾崎豊」の存在はヤンキー的ではない)。

ここで「実話志向」というのは、ヤンキー的感性がフィクションをあまり好まず、本当にあった話を好むというほどの意味である。つまり「ケータイ小説」は、その種のリアリズムにおいて消費されているということ。こうしたリアル志向については、ヤンキー音楽についての章でもふれておいた。

こうした広義の保守性は、芸能界全般にあてはまる感性と言っても過言ではない。ビートたけしをはじめ、政治的な意味で保守的発言をするタレントは少なくないし、タレント議員はたいてい保守系だ。逆に、革新系のタレントといわれてもすぐに名前が出てこない。わずかに中山千夏《なかやまちなつ》や加藤登紀子《かとうときこ》、落合恵子《おちあいけいこ》の名前が思い浮かぶが、彼女たちはいまや文化人であって、芸能人と呼ぶにはためらいもある。ヤンキー性についてはともかく、広い意味での保守的感性が芸能人のデフォルトであると断定してもさしつかえないだろう。こうした保守志向の背景には、強力な現実肯定の感性が控えている。

しかし、ならばヤンキーのキャラ志向というのは、当たらないのではないか。彼らの感性が現実を志向するというのなら、キャラのような〝人格の虚構化〟が受け入れられるのはなぜなのか。

ジャニヲタとキャラ萌え

この章を書くにあたり、取材の意味で多くのタレント本をあたってみたが、ほとんど参考にならなかった。礼賛本であれゴースト本であれ、あるいは語り下ろしであれ、そうしたベタな語りからは、彼らのヤンキー性が意外なほど見えてこないのだ。これは、テレビで〝元ヤン〟タレントを見ても、さほど濃厚なヤンキー性をみてとれないことと良く似ている。ヤンキー性とは、メタレベルの視点からでなければ見えてこない特性なのかもしれない。

しかし、ネット上でネタにされている「ヤンキー」や「DQN」はあくまでネタとしてのキャラであり、きわめて貧しい類型化をこうむっているため、これまた参考にならない。視点には「愛」も必要なのだ。

同じ意味でジャニーズに関する資料も、それほど参考にならなかったのだが、唯一きわめて興味深い資料として浮上してきたものに「ジャニヲタ」本がある。これは意外な発見だった。

「ジャニヲタ」とは「ジャニーズ事務所所属のタレントのオタク」を指す。いわゆる「追っかけ」ファンの中でも、ジャニーズの追っかけはかなり特殊な存在であり、このことは彼女たちの内輪でさまざまな符丁が流通していることからもうなずける（その意味で規模は比較的小さいが、「モーヲタ＝モーニング娘。のファン」と重なる）。

たとえばジャニヲタでは、ファンが熱心さの度合いによって階層化されている。「オリキ」は、ほぼ毎日タレントの追っかけをしているが、「イッピ」はコンサート等でたまにしか追っかけをしないファンを指す。追っかけをしないファンは「お茶の間ファン」と呼ばれる。いっぽう「やらかし」は、タレントの自宅まで押しかけたりプライベートにまで踏み込んだりしてほとんどストーカー同様につきまとうファンを指す。

彼女たちの多くは、私生活のほとんどを追っかけのための費用作りに捧《ささ》げ、ツアーの全日程を追跡し、血眼《ちまなこ》でチケット争奪戦に参入し、つまり人生のほぼすべてをジャニーズに捧げている。一体何が、彼女たちをそうさせているのか。

松本美香《まつもとみか》『ジャニヲタ　女のケモノ道』（双葉社　参考3）には、そのあたりの機微がギャグをまじえて軽妙に記されていて興味深い。なかでも大きなヒントとなったのは、「キャラ萌《も》え」に関するくだりである。

「ジャニーズタレントくんら最大の〝魅力〟かつ〝売り〟は『キャラ』なんですよね。バラエティー番組に出演する機会が多いからどうしても最も求められるのがそれなんだろうけど、今の時代はまずアイドルったってキャラが立ってないと覚えてもらえないしTVに出られない」

「もちろん、とっかかりは『顔』ですよ。でもね、『顔』はあくまでも『入り口』でしかない。『あら？　カッコいい〜』と最初は顔に惹《ひ》かれてもキャラがツボらなかったらハマらない。でもその逆に、あまり好みのルックスじゃなくてもキャラがツボった瞬間に『恋のメガネ』を装着！」

「顔≦キャラ。ジャニヲタの基本は『キャラ萌え』と言っても過言じゃないかも。ルックスを売りにしているはずのアイドルなのに本末転倒も甚だしいって話ですが、顔なんてあくまでも〝釣り餌《え》〟みたいなもんやで」（前掲書）

顔よりもキャラ重視というファン心理に関する指摘は重要である。しかも松本によれば、このキャラは、いわゆる「好みのタイプ」とすら無関係であるという。

「よく言うのが『ジャニ好み（＝ジャニーズタレントの中でファンになるならこういうタイプ）』と『リアル好み（＝実際に一般男子で惚《ほ》れるならこういう男性、いわゆる〝好みのタイプ〟）』って言葉」

そう、ジャニヲタの「萌え」は、彼女自身のリアルな異性愛の志向とは別物なのである。そこではファンタジーと現実が、厳然と区別されているのだ。さる腐女子漫画で「恋と萌えは別腹です！」という名言を読んで深く納得したことがあるが、つまりはそういうことなのだ。ちなみにこうした「別腹」ぶりは、男子オタクにもそのまま該当する。

余談はともかく、松本の指摘はさらに身も蓋《ふた》もなく続く。

彼女によれば、ジャニヲタは「ジャニーズ」というブランド好きにほかならない。「いくら若くてオトコマエでも、その辺の道を歩いてるノーブランドの男子高校生なんかにゃ用はない。少々ブサでも年取っててもかまわん、とにかくジャニーズ！（中略）おデコに燦然《さんぜん》と輝く『J』の刻印さえあれば何から何まで五割増！」つまりそういうことである。

彼女がその事実を発見したのは、自分が好きだったあるジャニーズのタレントが事務所を移籍した時だった。ジャニーズ時代よりもはるかに追っかけが容易になって当初は喜んでいた彼女は、次第に気持ちが醒《さ》めていく自分を発見して愕然《がくぜん》とする。そう、彼女はそのタレント本人が好きだったわけではない。「ジャニーズ事務所に所属する彼」が好きだったのだ。

彼女はその心理を「ジャニーズの世界観の魅力」や事務所の「ファミリー感」が原因である、とする。しかし、果たしてそれだけだろうか。

本来「ブランド」の魅力とは「それがブランドだから」という以上のものではないはずだ。それ以外の理由は、たいがい「後付け」である。それゆえ松本の「どうせブランド好きだよ悪かったな」的な居直りにこそ、もっとも純粋な欲望の形が露呈しているのではないか。

それはともかく、松本の指摘が興味深いのは、ジャニーズ人気における「キャラ萌え」要素と「ブランド」要素をはっきり結びつけた点にある。

こうした感性は、彼女がオタクであるがゆえに可能になったものだろうか。おそらく、そうではないだろう。むしろこの種のファン心理は、いまや芸能人ファンのほとんどに、多かれ少なかれ共有されているのではないだろうか。そうでなければ現在の「ジャニーズ一人勝ち」的状況が、これほど長く続くはずもない。

むしろ松本の本を読んでいくと、ジャニーズとはつまるところ、芸能界内芸能界とでもいうべき小宇宙なのではないか、という気すらしてくる。言い換えるなら、ジャニーズの小宇宙こそが、芸能界的エッセンスがもっとも濃縮されて詰め込まれた空間なのではないか。それゆえ、もしこの空間が「ヤンキー的」であるのなら、その形容が芸能界のほとんど全体にもあてはまるというナンシー関の示唆が正しかったことの証明にもなるだろう。

アメリカの影

あらためて、「ジャニーズ＝ヤンキー」という視点に立ってみるなら、ジャニーズ事務所社長として君臨するジャニー喜多川《きたがわ》の経歴もきわめて興味深いものとなる。

以下、主に『週刊文春』二〇一一年一月十三日号に掲載された「ジャニーズ『アイドル帝国』を築いた男」などを参考に、その経歴をみてみよう。

ジャニー喜多川（本名：ジョン・ヒロム・キタガワ、喜多川擴）は一九三一年、高野《こうや》山《さん》米国別院の第三代主監・喜多川諦道《たいどう》の次男として、ロサンゼルスで生まれた。一九三三年、喜多川家は大阪《おおさか》に帰り、その後母親が死去したため、姉のメリー喜多川が母親代わりとなって弟二人の面倒をみていたという。太平洋戦争当時は和歌山《わかやま》市で「戦後最大のフィクサー」と呼ばれた大谷貴義《おおたにたかよし》のもとに間借りして生活していたが、一九四九年、姉弟《きょうだい》三人は再び渡米する（米国の市民権がなくなるから、という理由だったらしい）。

一九五〇年、ジャニー喜多川は父親の諦道が高野山米国別院に設置したステージを訪れる日本からのスターの世話に関わった。美空《みそら》ひばり、笠置《かさぎ》シヅ子、古賀《こが》政男《まさお》、といった錚々《そうそう》たる面子《メンツ》だったという。しかしまもなく彼は朝鮮《ちようせん》戦争に徴兵されてしまう。通訳のような仕事をしていたのではないか、と記事にはある。

朝鮮戦争後にジャニー喜多川は日本に戻り、アメリカ大使館で職を得る。この当時、彼は在日米軍宿舎「ワシントンハイツ」に住んでいた。当時の彼は近所の少年たちを集めた「ジャニーズ少年野球団」のコーチをしていた。一九六二年のある日、ジャニーは野球チームのメンバー四人を映画館に連れて行った。そこで観た『ウエスト・サイド物語』（参考4）に感銘を受けてエンターテインメント事業を興そうと決意する。メンバー四人（真家《まいえ》ひろみ、飯野《いいの》おさみ、中谷良《なかたにりよう》、あおい輝彦《てるひこ》）がそのまま最初のグループであるジャニーズを結成し、これが実質的なジャニーズ事務所のはじまりとなる。

日本とアメリカという二つの祖国を持ち、朝鮮戦争ではアメリカのために従軍し、米軍宿舎で野球を教えながら、アメリカ製のミュージカル映画に感動して事業を興す。この、あまりに特異な経歴に、アメリカへの強烈な憎悪と憧《あこが》れという屈折した感情を読み取ったとしても、さほどうがち過ぎとは言われまい。

僕にはそうした感情が（ありうるとして）、「ヤンキー文化」にみてとれる複雑な「アメリカの影」と重なるように思われてならない。それは、憧れの対象を矮小化《わいしょう》しつつ反復することでしかその両価性（「愛憎」のような）を表現できないという、いささか厄介な感情なのではなかったか。

しかし、それを語るのはまだ早い。今は再びジャニーズのヤンキー性に戻ろう。

日本人と「キャラ立ち」

僕はこの章の冒頭で、「（日本人が）キャラ性をきわめていくと必然的にヤンキー化する」と仮定した。ならば現在、もっともキャラが立っている日本人は誰だろうか。

いうまでもなく「坂本龍馬《さかもとりょうま》」だ。

もちろん福山雅治《ふくやままさはる》主演で大河ドラマ化、ということが現在の龍馬人気を支えていることは確かだろう。しかし、龍馬人気はそれ以前から連綿としてあった。もちろん僕も龍馬が嫌いというわけではないのだが、何故にこれほどまでの人気が、といぶかしく思っていたのも事実だ。

僕は歴史の専門家ではないし、大河ドラマの「龍馬伝」もろくに観ていないので断定的なことは言わずにおこう。しかし、坂本龍馬については歴史家の間で「過大評価」説が根強いようだ。勝海舟《かつかいしゅう》が持ち上げすぎたとか、司馬遼太郎《しばりょうたろう》がヒーローにしすぎたとか原因には諸説あるようだが、そのことは今は措《お》こう。

重要なことは、現在の龍馬人気が、ほとんど「大政奉還」や「薩長《さつちょう》同盟」といった業績とは無関係に盛り上がっているようにしか見えないことだ。これは要するに「キャラ人気」なのではないか。

ところで、キャラが立った日本人と言えばもう一人、野口英世《のぐちひでよ》が思い浮かぶ。彼もまた、業績に比して過大評価されてきた人物ではあるだろう。たとえば同時代の細菌学者である北里柴三郎《きたさとしばさぶろう》(野口の師でもある)や志賀潔《しがきよし》らの業績は、野口のそれに決してひけをとるものではない。しかし認知度という点から言えば、千円札の顔にもなった野口の圧勝である。彼はいまだに、最も有名な「偉人」の一人なのだ。

こじつけめいて恐縮だが、僕にはこの二人の偉人すら、キャラクターとしてのたたずまいがどうにも「ヤンキー的」にみえてしまう。それは彼らの人生が、すぐれてパフォーマティブなものに見える、ということとおそらく関係がある。彼らの人気は、彼が「何をなしたか」ではなく、「どう生きたか」という「生きざま」のほうに、圧倒的に重心が置かれているからだ。

「何をなしたか」よりも「どう生きたか」。僕たちはそうしたロールモデルを、キャラに求めてしまいがちだ。その意味で言えば、「白虎隊《びゃっこたい》」にせよ「新撰組《しんせんぐみ》」にせよ、「キャラ萌《も》え」や「ユニット萌え」の格好の対象となり得ることは容易に理解できる。

ならば、そもそも「キャラ」とは何か。

結論から言おう。それは、〝人格的同一性を示す記号〟である。

僕は現在、キャラクターの研究を並行して進めているため（こちらについては拙著『キャラクター精神分析』筑摩《ちくま》書房を参照されたい）、この結論には自信がある。その立場から言うのだが、キャラの機能をどんどん抽象化していくと、意味も役割も外見もそぎ落とされて、「同一性」だけが残るのだ。

同一性というのは、場面や環境が変わっても、同一のキャラクターと認知されるために必要な最低限の特徴を意味している。だから極論すれば、アルファベットの一文字だけを使っても「キャラ」は作り出せるのだ。

その意味では、誰にでも「キャラ」は作り出せる。しかし、人気のあるキャラとなると簡単ではない。それは多分に、偶然や状況の産物であるためだ。

一つはっきり言えることは、「内面性」はキャラを立てる上で邪魔になる、ということだ。これは内面性や内省性が、キャラの同一性を複雑かつ不安定なものにするためだ。

むしろ内省性が希薄であるほうが「キャラ立ち」がはっきりしてくる。その意味で麻生《あそう》元総理が「キャラ立ち」を自称していた（参考5）のは、まんざらデタラメというわけでもない。そういえば彼もまた、すぐれてヤンキー的な政治家の一人ではあったわけだが。

それでは、芸能界的に「立ったキャラ」とはどのようなものだろうか。僕の考えでは、それはおおよそ以下のようにまとめられる。

まず、内面よりも行動が重視されること。これは芸能人なのだから当然だ。彼らが何を考えているかはどうでもいい。彼らが何をなしたかが問題なのだ。ここで行動には「リアクション」も含まれる。状況に対する「反応」は、キャラの印象を決定づける重要な行動パターンなのだ。

欲望の形がはっきりしていること。わかりやすい価値観と、最大公約数的な欲望。屈折しすぎた欲望は、時としてキャラを萎縮《いしゅく》させてしまう。わかりやすい欲望を持つことは、キャラ立ちにおいて大切な要素のひとつでもある。

結果よりも過程が重要であること。キャラの評価は、「成し遂げたこと」では決まらない。「今まさに何をなしつつあるか」だけが重要である。キャラの行動特性は、現在進行形でしか表現されない。キムタク語録には〝現在形〟しか存在しなかったことを思い出しておこう。

そのキムタクのところでもふれた、広義の保守性。「完全燃焼する」「筋を通す」といった美意識は、「気合を入れる」「ハンパはしない」といったヤンキー的倫理観にきわめて近い、〝保守の美学〟だ。キャラはシステムを否定しない。システムを変えてしまっては、キャラが崩壊しかねない。その意味でキャラの成功とは、〝成り上がり〟として、システムを回す側に立つことだ。

世界観に通ずる「物語性」。複雑な物語は必要ないが、ほどほどの不幸や、やんちゃだった過去などは、キャラ性をきわだたせる。歌舞伎の人物造形にも通ずるが、素朴な意外性や二面性は、立ったキャラには欠かせない要素だ。

以上の理論に基づいて、僕なりに簡便な「キャラ立ち」度判定基準を考えてみた。それは「本宮《もとみや》ひろ志《し》（参考6）の漫画の主人公になりそうな人物か否か」というものだ。これを仮に「本宮ひろ志テスト」と命名しよう。

このテストによれば、すでに名前の挙がった坂本龍馬、野口英世、そして木村拓哉、いずれも文句なく合格だ。しかもこの基準は同時に、ヤンキー度の判定も兼ねている。われながら、実に画期的な判定基準を思いついたものだ。

ならば以上の議論は、ジャニーズといかなる関係があるか。

さきほど引用したジャニヲタ、松本美香の指摘を思い出そう。そう、「キャラ萌え」と「ブランド」の関係に関する指摘だ。

ブランドとしての「ジャニーズ」が、そこに所属するタレントの「キャラ立ち」を担保してくれているという事実。「ジャニーズ」ブランドとは、キャラの変化を柔軟に許容しつつも、安定した同一性を担保するような機能を担っている。それは〝元ヤン〟という属性が、しばしばタレントのキャラ立ちに寄与していることに近いのではないか。

ここに至ってようやく、ヤンキー文化における「アメリカの影」と向かい合う準備が整った。次章はその検討からはじめることにしよう。

参考1　『木村拓哉語録―努力するのもカッコイイなと思えてくる』　仕事、女性、遊び、生活、ファッション、家族等についての木村拓哉の言葉を集め、彼の人生哲学、美学、感性を明らかにする書。

参考2　「ティーンズロード」　ミリオン出版から刊行されていた雑誌。暴走族のファッションやライフスタイルを題材にしていたが、一九九五年に大手コンビニエンスストアから取り扱いを拒否されて売り上げが激減し、九八年に休刊となった。

参考3　『ジャニヲタ　女のケモノ道』　ジャニーズにすべてを捧《ささ》げるオタク女子の生態につ

いて、自身ジャニヲタ歴二十年のお笑い芸人&エッセイスト松本美香が綴《つづ》ったエッセイ本。

参考4　『ウエスト・サイド物語』一九六一年のアメリカ映画。監督はロバート・ワイズとジェローム・ロビンズ。大ヒットを記録しアカデミー賞も作品賞はじめ十部門で受賞。

参考5　「キャラ立ち」二〇〇七年、安倍《あべ》晋三《しんぞう》の内閣総理大臣・自由民主党総裁辞任表明にともなう自由民主党総裁選挙の街頭演説で、麻生前幹事長は「キャラが立ちすぎて古い自民党の皆さんに評判の良くない麻生太郎《たろう》です」と発言し笑いを誘っていた。

参考6　本宮ひろ志　一九四七年生まれ。六五年デビュー。六八年から「週刊少年ジャンプ」でスタートした『男一匹ガキ大将』が大ヒット。その後も『俺の空』、『サラリーマン金太郎』など多数のヒット作を生む。硬派で男気溢《あふ》れる主人公を愛するファン多数。

第五章　バッドテイストと白洲次郎

「和洋折衷」のバッドテイスト

だいぶ論旨が錯綜《さくそう》してきたため、このあたりで振り返りや整理が必要かもしれない。たとえばギャル文化に見出《みいだ》された「アゲ」(≒「気合」)の位置、あるいはヤンキー音楽に顕著な彼らのリアル志向・実用志向などは、今後ヤンキーを語るに際して、もはや無視することができないほどの重要な本質と言いうるだろう。さらに、前の章で僕が指摘したのは、ヤンキーのキャラ性だった。

そこから導き出された第一のテーゼはこうだ。「(日本人が)キャラ性をきわめていくと必然的にヤンキー化する」。次いで重要な〝発見〟は、「本宮ひろ志テスト」という「キャラ立ち」度判定基準だ。その妥当性を疑う者は図1を見よ。

この雑誌「BRUTUS」には、本宮ひろ志とHIRO(EXILE)との対談が掲載されているのだが、このHIROの位置に、気になる人物を本宮絵に変換して代入してみよう。坂本龍馬、野口英世、そして木村拓哉といった〝キャラの立った〟

人々は、例外なくこの名誉あるポジションにしっくりとおさまるはずだ。

さて、前章で僕が注目したのは、ジャニーズ事務所社長であるジャニー喜多川の経歴だった。彼はロサンゼルスに生まれ、朝鮮戦争ではアメリカのために従軍し、米軍宿舎で野球を教えながら、アメリカ製のミュージカル映画に感動して事業を興す。波《は》瀾《らん》万丈を絵に描いたようなこの経歴のどこかに「ヤンキーのひみつ」が隠されているのではないか。僕にはどうも、そんなふうに思われてならない。

ヤンキーを美学的に考える場合に、僕が一番分かりやすい象徴的図像として思い浮かべるのが「浮世絵サーフィン」だ。ちょうど図2に示したようなイメージである。これに相撲字か勘亭流の字体で「男一匹波乗り野郎」とか書いてあったら、もう申し分がない。というか、まさにこんな絵を背負った何台ものデコトラが、今日も日本のどこかを快調に走っていることはもはや疑いえない。

この絵の有用性が高いのは、アイディアが単純であるだけに、「ヤンキー臭」の構造分析にうってつけであるからだ。

そう、このいびつな和洋折衷ぶりこそが、ヤンキー美学のエッセンスのひとつにほかならない。ただし重要なのは、ただ和と洋を結合させればいい、というものではない点だ。波乗りの絵で言えば、サーフィンというアメリカ的アイテムを浮世絵のスタイルで描く、という地と図の関係こそが重要なのである。逆であってはいけない。た

図1
「ＢＲＵＴＵＳ」2009年6月1日号。マガジンハウス刊。

図2
MID international（http://www.bigsize.co.jp/）に掲載されたTシャツより。図柄参考用。

図3
ESPN制作。日本だけでなくサッカーW杯に参加した32カ国すべてのポスターが作られた。

図4
「ハロウィンの提灯」。図柄参考用。

とえばアメコミ風のスタイルで描かれた武士の絵などの場合、逆にヤンキー臭は希薄になる。たとえばこんな風に（図3）。

この絵はアメリカのスポーツ専門チャンネルESPNが提供したサッカーW杯南アフリカ大会のポスターで、参加国ごとに制作されたものだ。このポスターは言うまでもなく日本代表のものだが、たいへん評判が悪かったのはすでにご案内の通り。この「FIFA侍（とりあえず命名）」もまたバッドテイストの極みではあるが、同程度に趣味の悪い「浮世絵サーフィン」と並べてみるなら、なぜかヤンキー臭が薄いように感じるのは僕だけだろうか。

もし僕の印象が正しければ、ヤンキーの本質をあらわすキーワードとして「和洋折衷」は重要だ。ところで和洋折衷とはあくまでも日本文化の一部なのであって、さきほどのW杯ポスターをそう呼ぶものはいないだろう。和のスタイルを基本として洋を消化吸収した表現こそが、和洋折衷にほかならない。ちなみにこのキーワードで検索をかけたらこんな写真を見つけてしまった(図4)。

この「ハロウィン提灯《ちょうちん》」もまた、大変分かりやすいファンシーアイテムであるうえに、ヤンキー臭をハンパなく醸し出している。単に提灯にかぼちゃの顔を描くだけではなく、いかにも日本漫画風の「笑い目」になっているあたり、なかなか芸が細かい。しかもこのギャップそのものがある種のユーモアとキャラクター性をもたらしており、この点からみても完璧《かんぺき》な一品だ。ヤン車内部のレイアウトにしっくりなじむことおびただしい。

もちろん、あらゆる和洋折衷がヤンキーテイストをはらむわけではない。たとえば建築様式やファッション、あるいはインテリアや各種デザインにおける形式としての和洋折衷の大半は、ヤンキー的な印象を与えない。そこになにがしかのバッドテイストやキャラクター性が介在しなければ、ヤンキー臭は発生しにくいのだ。

たとえば現代アートの世界に目を転ずるなら、山口晃《やまぐちあきら》(参考1)と天明屋尚《てんみようやひさし》(参考2)の対比についても、この考え方が該当するだろう。絵のスタイルとして山口は大和絵、天明屋は屛風絵《びようぶえ》か浮世絵をベースとして、そこにバイクやガンダムといった現代的、あるいは欧米的なアイテムを織り込んでいく。たまたま両者ともミヅマアートギャラリーに所属する絵師なのだが、比較してみれば一目瞭然《りょうぜん》、天明屋作品のほうが圧倒的にヤンキー臭が強い。

これは山口の作風がアイロニカルな風刺画というニュアンスを持つのに対して、天明屋作品はバッドセンス的ユーモアを多分にはらんでおり、そこに作者の強烈なキャラクター性がかいま見える、という特徴を持つゆえではないか。加えて大和絵vs.浮世絵という対比は、伊勢神宮vs.日光東照宮の対比に似て、「和風」という言葉が本来あわせもっている二つの対照的なベクトルが連想される。とりわけ浮世絵や東照宮が歴然と持っているヤンキー文化への親和性（「そのもの」ではないが）は重要だ。「和洋折衷」＋バッドセンス＝ヤンキー、と定義できるほど簡単な問題ではないが、ここにも問題を解く鍵《かぎ》がひそんでいるはずだ。

「白洲次郎」という問題

さて、もし「和洋折衷」がヤンキー的であるというのなら、「和魂洋才」はどういうことになるのだろうか。これもまたヤンキー的な側面を持つことになるのだろうか。

ここで是非とも検討しておきたい人物が「白洲次郎《しらすじろう》」（一九〇二―一九八五）である。吉田茂《よしだしげる》首相の側近としてＧＨＱと渡り合い、「従順ならざる唯一の日本人」と言わしめた人物にして、あの白洲正子《まさこ》に一目惚《ぼ》れさせたという伊達男《だておとこ》だ。

それにしても、この十年ほどの白洲次郎ブームの盛り上がりはすごかった。関連本も数多く出版され、NHKもドラマスペシャル『白洲次郎』を製作している。もっとも本来なら、彼のドラマはNHKより先にテレビ放送が認可された日本テレビが手がけるべきだったはずだ。正力松太郎《しょうりきまつたろう》とともに民放開局を優先させた人物こそ、誰あろう白洲次郎であったからだ。いわばNHKにとっては親の敵くらいにあたる人物なのである。

それはともかく、僕が次郎のヤンキー性を意識するようになったのは、前章でも触れた木村拓哉が彼の大ファンであると公言しているということが大きい。「もっとも洗練されたヤンキーキャラ」ことキムタクが雑誌のインタビューで、今一番会いたい人としてその名を挙げたほどなのだ。

ファンがラジオ番組（木村拓哉のWHAT'S UP SMAP!　二〇〇五年二月四日放送分）から書き起こしてブログにアップしたテキストがあり、これがどの程度正確かは確かめようがないものの、いかにもキムタク的な発言でもあるため、ここにいくつか引用してみる（http://www.captain-takuya.com/what05-02.htm）。

キムタクはかねがね読書をしないことを公言しているのだが、その彼が〝六十歳くらいの友人〟にある本を薦められたのだという。それが青柳恵介《あおやぎけいすけ》『風の男 白洲次郎』

（新潮文庫　参考3）だった。その友人はキムタクに〝拓哉を見ていると白洲次郎とかぶる〟としみじみ語り、その本を貸してくれたのだという。

キムタクはその本を持ち帰ってなんとなくめくっていたら、白洲次郎の写真と目が合ってしまい、その瞬間「射抜かれたというか、ロックオンされ」てしまったのだという。なるほど。

「日本国憲法っていうのがね、今ありますけど、それの立ち上げにも割と関わっていたらしく、何かねーいちいちかっこいいんですよね」

「吉田茂さんていう総理大臣が、サンフランシスコ講和条約っていって、『戦争に負けました。』っていう平和条約を結ぶんだけど、（中略）その白洲次郎っていう人がですね、吉田さんに、『日本は戦争には負けたけど、別に奴隷になったわけじゃないんだから、日本語で演説すべきでしょう！』っていって、ほんで吉田さんが、『ああ、そうだねー』っていうことで日本語でね演説の方をされたとかね」

「GHQ？　その機関の人にですね、『君、凄《すご》く英語が上手だね。』って白洲さんが言われたら、『あーありがとうございます。でも貴方《あなた》も勉強すれば、もっと上手になりますよー』という、なんかこう…おいおいっていうか、ちょっと（笑）今で言ったら、『おいおい』っていうね。凄いユーモアの溢《あふ》れる返しをしていたりとかね」

しかしキムタクがもっとも共感したのは、ケンブリッジ大学に留学していた当時の親友（〝ロビン〟ことロバート・セシル・ビング）と最晩年に会ったときのエピソードだった。おそらくは今生の別れとなるであろうことをともに自覚しながら、次郎は親友ロビンを駅で降ろす。その親友は「車をパンッと降りたら振り返りもせず、駅の方にパァーと歩いていって、で白洲さんも車から別に降りもせずに運転してたドライバーの人に『あー空港行け』って言って終わりらしいんですよ。最後の別れのセリフもなく、ちょっと手を挙げただけで、こうー終わり…だった。っていうのがね、あるんですけど。義理の息子さんがその現場に立ち会ってるらしいんですけど、彼曰《いわ》く、『生涯の親友との別れはこういうものなんだなぁーて思った』っていうふうにね、添えられてるんですよ文章が。それをちょっと読んだ時にね、『あーーはいはいはいはいっ』っていうふうに思いましたね」

　読書はしないが〝地頭〟が良く、決して勘どころは外さないキムタクによる要約と紹介は、ほとんど完璧といえる。ちなみに白洲次郎も読書家ではなかったらしい。妻・正子が文筆家であることを誇らしく語りながらも、その本については「わからん」と言い、自宅ではほとんど本を読まずテレビを見ていることが多かったという。

　ここで注目されるのは、キムタクが、まさに白洲次郎が「どんな素晴らしい業績を残したか」にはほとんどふれず、「どんなカッコ良い人物であったか」という点だけに触れていることだ。これはまさに次郎という人物が、その業績以上にその言動において注目された人物であった可能性を示唆している。

歴史家ならざる僕としては、そうした評価が正当なものなのかどうか断定はしない。ただ、昨今の白洲次郎ブームを明らかな過大評価とみなす声が少なくないのも事実だ。確かに、次郎の政治的業績とはっきり言いうるものは、憲法改正への関与と通産省の設立くらいしかないのではないか。

サンフランシスコ講和条約についても、宮澤喜一《みやざわきいち》は一連の交渉に「白洲さんはまったく関係してない」と述べている（『文藝別冊　総特集白洲次郎』）。要するに、次郎の業績は決して小さいものではないが、彼以上の業績を残した政治家や官僚は他にいくらでもいる、ということだ。まして吉田茂や田中角栄《たなかかくえい》らとは比べるべくもない。吉田茂の業績は次郎が支えてこそ、とも言えるが、逆に次郎が名を残せたのは吉田が抜擢《ばってき》したからこそ、とも言える。

いくつか彼の伝記を読んでみて印象的だったのは、幅広い人脈を徹底的に活用する「コーディネーター」あるいは「ネゴシエーター」としての才能である。そうだとすれば、直接の業績がそれほど多くないにもかかわらず、さまざまな「白洲伝説」が残されてきた理由もよくわかる。

こうした点では、やはり業績よりも〝生きざま〟が評価されがちな「坂本龍馬」と良く似ている。どこか判官贔屓《ほうがんびいき》めいた「栄光なき天才」をこよなく愛する僕たちにとって、次郎を愛することはいともたやすいことなのだ。

キムタクが挙げている以外の有名なエピソードについても、いくつか記しておこう。一次資料が少ない白洲次郎の言動については、史実かどうかは確認しようがないものも多い。ここでは北康利《きたやすとし》『レジェンド伝説の男 白洲次郎』(朝日新聞出版 参考4)などに基づき、真偽の不確かな〝伝説〟も含めて紹介する。ただし、ここではあえて史実よりも神話、すなわち〝受容のなされかた〟を重視する立場をとっておく。

次郎のエピソードに共通する特徴は、あらゆる権威に一切おもねらず、みずからも権威を笠《かさ》に着ない姿勢である。これを称して「プリンシパル」というらしいが、ヤンキー語に翻訳するとこうなる。ピッとして、ガチで気合の入った、ハンパなく筋を通す喧嘩《けんか》上等男。それが白洲次郎だ。

東北電力会長時代には、みずからレンジローバーを駆ってダムの建設現場を回り、土産持参で泊まり込んでは、土木作業員やその家族と親しく酒を酌み交わした。また株主総会では役員席を舞台上に設けさせず、株主と同じ高さに設けさせたという。あるいは軽井沢《かるいざわ》ゴルフ倶楽部《クラブ》の理事をつとめたさい、当時の首相である田中角栄を追い返したエピソードも有名だ。ある日、田中の秘書らしき人物から「これから田中がプレイしますのでよろしく」と挨拶《あいさつ》があり、応対した次郎が「田中とか伊藤《いとう》とか犬の糞《くそ》ほどあるけれど、どこの田中だ」と応じたら、秘書はムッとして「総理の田中です」と答えた。その後の問答がいい。

「そいつは会員か？」「会員ではありませんが、総理です」「お前らよほど田舎者だな。カントリークラブってのは会員が楽しむところなんだ。会員じゃなければ帰れ」これも真偽のほどは定かではないが、要はこういうエピソードがリアルに受け取られるような人柄ではあった、ということだ。

この英国仕込みの侠気《きょうき》あるジェントルマンに対して、果たしてヤンキー的であるとみなすことが適切なのか？という疑問もあることだろう。そこで、もう少しヤンキーよりのエピソードも紹介しておくことにしよう。

まず、性的にかなり早熟であったらしいこと。神戸《こうべ》一中時代、つまり神戸でブイブイいわしていたころの次郎には、宝塚《たからづか》歌劇団に所属する年上のガールフレンドがいたらしい。

〝喧嘩上等〟人間であったこと。神戸一中時代はとにかく乱暴者で、自身も殴られた経験を持つ今日出海《こんひでみ》（参考5）は、次郎を評して「育ちのいい生粋の野蛮人」と呼んだ。じっさい喧嘩は強く、「白洲スペシャル」なる必殺技まであったという。これは相手の前で手をふっと横に動かして視線を誘導、すかさずカウンターで相手の顎《あご》にパンチ、というもの。

あまり頻繁に喧嘩沙汰《ざた》が起こるため、白洲家の玄関脇には、喧嘩の相手に謝りに行く時に備えて菓子折が常備されていたという。ケンブリッジ大学へ留学した理由についても、みずから「僕は手のつけられない不良だったから、島流しにされたんだ」と語っている。

晩年にも武勇伝がある。娘の運転でドライブ中に、信号待ちで横に並んだ車の青年たちが、娘の顔を懐中電灯で照らすといういたずらを仕掛けてきた。何度目かで次郎は不意に車を降り、けしからん若造どもを車から引きずり下ろして大声で怒鳴りつけた。平身低頭して謝る青年たちを尻目《しりめ》に次郎は娘の車に戻り「ふん、だらしのないやつらだ」とつぶやいたという。

大の車好きであったこと。その趣味は晩年まで続き、ベントレーやブガッティ、ポルシェなどの名車を所有していた。英国留学時代には油まみれで愛車をいじってはレースや長距離ドライブを楽しんでおり、ついた渾名《あだな》が「オイリー（油まみれ）ボーイ」であった由。

三宅一生《みやけいっせい》をして「白洲さんは本当にいつもおしゃれだ」と言わしめただけに、ファッションへのこだわりもハンパなかった。スーツは留学時代からロンドンのサヴィル・ロウにある老舗《しにせ》テイラー「ヘンリー・プール」（参考6）などで仕立てていた。日本人で初めてジーンズを着用したという話も有名だ。サンフランシスコ講和条約締結に向かう機内で着用し、それがなんなのか知らない他のメンバーには、妙な「カギザキのズボン」としか見えなかったという。

徹底したリアリストであること。先にも述べたとおり、白洲次郎はそれほど読書家ではなかったが、菊池寛《きくちかん》については高く評価していた。

「えらいのは君、菊池寛だよ。彼は日本の文士としては破格のリアリストだったな。できること、できないことがはっきりしていた。俺は日本のインテリが、ゲーテがどういったとか、カントはこういったなど知識をひけらかす奴が大嫌いだが、菊池寛はすべて自分の言葉でしゃべったよ」（前掲書）

この発言は少なくとも二つの意味で重要である。まず次郎がリアリストであるということ。そしてリアリズムの定義として「できること、できないことがはっきりして」いると考えていたこと。

僕はこの本を書きながら、ずっと一貫して「ヤンキー的リアリズム」について考えている。これは大塚英志《おおつかえいじ》が言う「まんが・アニメ的リアリズム」や東浩紀《あずまひろき》の言う「ゲーム的リアリズム」にヒントを得た言葉だ。アニメやゲームには、その世界に固有のリアリズムがある。同じように、ヤンキーの美学にも独自のリアリズムがあるはずだ。それはさしあたり、〝地に足が着いた〟と形容したくなるようなプラグマティズム（実用主義）にもみえる。

しかし同時に、唯物論的なリアリズムとも微妙に異なった位相にある。今の段階で言いうることは、白洲次郎のリアリズムが、ヤンキー的リアリズムと完全に地続きであるというところまでだ。それはいうまでもなく、キムタクの、あるいは相田みつをのリアリズムでもあるだろう。

アメリカの影、あるいは「構造」と「形態」の分裂

前章で僕は、ヤンキー文化における「アメリカの影」について論ずることを予告しておいた。

ヤンキーだからアメリカ、という単純な連想ということもある。しかし、和洋折衷という様式を考えるとき、そのもっともヤンキー的なテイストは、「和＋アメリカ」という組み合わせにおいて生じやすく、「和＋ヨーロッパ」では生じにくいのではないか、と感じている。これについては、それほど異論はないだろう。

初期の暴走族文化が、バイクや車というもっともアメリカ的なアイテムを軸として、その周囲に日本的タテ社会の秩序や車の和テイスト改造、あるいは日章旗や洋ランといった和風アイテムで囲い込むことで成立していたことを考えてみてもよい。ヤンキーの美学は、まずなによりも、アメリカ的なものとの深い関わりにおいて成立している。ここまでは、まず間違いのないところだ。

興味深いのは、それらが決して直截《ちょくせつ》的な模倣たり得ないことである。

奇妙な類似性だが、それは手塚治虫《てづかおさむ》がディズニーアニメの画風を自己流にアレンジすることで、現在の漫画、アニメ文化の基礎を作り上げていった経緯を連想させる。表面上は両極端にみえるオタク文化とヤンキー文化は、こと「アメリカ的なもの」のアレンジという意味では、きわめて似かよった出自を共有しているとも考えられるのだ。

しかし意外なことに、現代のヤンキー当事者の多くにとって、アメリカへの憧《あこが》れはそれほど強いものではない。渡米した成功者には、しばしばヤンキーフレーバーが強烈な方々がいるが、こちらはむしろ後付けで加わった要素だろう。ギャルやヤンキー達の多くの志向は完全にドメスティックだ。自治体活動や地域の祭りなどの主要な担い手が彼らであるという個人的印象がもし事実なら、やはりそこにはアメリカ志向は乏しいと言わざるを得ない。

この屈折はなんなのだろうか。アメリカからの影響抜きには考えられない文化を愛好しつつ、アメリカそのものに対しては無関心、あるいは嫌悪感すら抱いているということ。間違いなく、ここには一つの〝分裂〟がある。

アメリカの影に分裂を見ること。こんなふうに書くと、勘の良い読者はすぐ岸田秀《きしだしゅう》『ものぐさ精神分析』（中公文庫　参考7）を連想するだろう。かつて一世を風靡《ふうび》したといってよい本書の影響力は、現在もなお無視できない程度にはくすぶり続けているからだ。

岸田の主張を簡単にまとめるなら、こういうことになるだろう。

一八五三年のペリー来航事件は、第二次大戦の敗北とともに、アメリカによる日本のレイプであった。鎖国していた徳川時代は、ヒトの個人で言えば、外的世界を知らないナルシシズムの時期にあたるだろう。アメリカによるレイプによって、日本国民は精神分裂病的素質を持つに至った。つまり、「外的自己」と「内的自己」への分裂が起こったのである。

ペリー・ショックによって惹《ひ》き起こされた外的自己と内的自己への日本国民の分裂は、まず、開国論と尊王攘夷《そんのうじょうい》論との対立となって表れた。開国は日本の軍事的無力の自覚、アメリカをはじめとする強大な諸外国への適応の必要性にもとづいていたが、日本人の内的自己から見れば、それは真の自己、真実の伝統的日本を売り渡す裏切りであり、この裏切りによって、日本は自己同一性の喪失の危険にさらされることになった。この危険から身を守るためには、日本をそこへ引きずりこもうとする外的自己を残余の内的自己から切り離して非自己化し、いいかえれば真の自己とは無関係なものにし、内的自己を純化して、その周りを堅固な砦《とりで》でかためる必要があった。（中略）そこで、不安定な内的自己を支える砦としてもってこられたのが天皇であった（前掲書）。

ここには精神医学的にみて、いくつもの問題が含まれている。しかし、そうした指摘はまた後に回すことにして、まずは岸田の論旨をもう少し追ってみよう。

ここで「外的自己」は、戦後における対米協調や親米、アメリカへの憧憬《しょうけい》といった態度として表現されるだろう。これに対して「内的自己」は、反米、嫌米の姿勢を基本とする。

強姦《ごうかん》の比喩《ひゆ》に戻るなら、女性としての「日本」には二つの自己が生じたということになる。レイプ犯の男性＝アメリカを憎むのが内的自己であるのに対し、外的自己とは強姦の事実を否認する自己であり、「あれは強姦ではなく自分から求めた和姦だった」と思い込むことでアメリカを肯定しようとする。

岸田によれば、明治、特に日露戦争までは外的自己が日本人の中心を占め、それ以降、特に昭和に入ってからは内的自己が中心となった。むろん、戦後は外的自己が再び返り咲くことになる。こうした分裂の問題は、いまなお解決されていないと岸田は言う。その証拠に、日本人の自己同一性は依然として不安定である。

内的自己の重要な形態のひとつである尊王攘夷思想は、保守や右翼に形を変えて、戦後思想における底流に流れている。それは普段は抑圧されているが、ときどき表面化する。山口二矢《やまぐちおとや》による浅沼《あさぬま》書記長暗殺や、三島由紀夫《みしまゆきお》の割腹自殺などがそうだ。彼らの行為はアナクロニズムではなく、戦後抑圧されてきた日本人の人格の半面を純粋な形で表現したのだ。

この解釈はおそらく、いまなお一定の説得性を持つだろう。ここで、僕がどうしても岸田の仮説に同意しかねるのは、まず精神分裂病（現在の統合失調症）という用語の使い方である。比喩表現であるとしても、強姦がまるで分裂病の発症原因みたいに書かれるのはちょっと、いやだいぶおかしい。通常はそういうことは起こらないからだ。それに、強姦から自己の分裂が生ずるというのなら、それは解離性同一性障害（DID＝多重人格）と考えるべきだ。

しかしDIDにおいては交代人格は横並びの関係にあることが多い。だから、外的自己が内的自己を抑圧する、といったすっきりした形の葛藤《かっとう》や抑圧は生じにくい。それゆえレイプでDIDが生じたとしても、それがいつも安定的な二重構造をもたらすと考えるのは間違っている。おそらく岸田の理論にはバージョンアップが必要だ。僕ならこう考える。岸田の指摘する「二重構造」は、つねにすでに存在する、と。

むしろ岸田の説に先だって読まれるべきは丸山眞男《まるやままさお》なのだ。ここでは彼の「古層論」こそが重要なものとなる（「原型・古層・執拗低音」『日本文化のかくれた形』岩波現代文庫）。

丸山もまた、「開国」に注目する。彼によれば「第一の開国」とは十五世紀末から十六世紀のキリシタンや南蛮《なんばん》文化の渡来をさす。「第二の開国」は幕末と明治維新であり、「第三の開国」は第二次大戦後の「開国」ということになる。

開国とは文化の接触でもある。接触は近すぎれば単に呑《の》みこまれるし、遠すぎれば本質的な変容は起こらない。この点、文化接触としての日本の「開国」は、きわめて独特だった。日本は他国の文化に呑みこまれることも無縁になることもなく、常に自主的に対応してそれを改善・工夫して取り込んでしまう。外来文化への好奇心が強く、すぐに影響されるくせに、文化の中核にはかなり強固な自己同一性が存在する。

言い換えれば、こういうことだ。日本文化は、きわめてハードで保守的な「深層」と、きわめて流動的で変化しやすい「表層」の二重構造を持っている。日本人はあらゆる外来文化をまず表層で受けとめ、その影響を吸収しながら表層は次々と変化していく。結果的に、あまりに受容的かつ柔軟な「表層」は、外来文化から「深層」を守るためのバリアーとしても機能する。こうして「(表層が)変われば変わるほど(深層は)変わらない」という形で日本文化は維持されていく。

この構造は日本語にも該当する。われわれはあらゆる外国語を、いったん外来語＝カタカナ語に変換し取り込んでしまう。その結果、外来語はいつまで経《た》っても外来語の位置にとどまるため、外来語の影響によって日本語そのものが変容してしまうことは起こりにくくなる。

丸山の古層論は、岸田のレイプ説よりも僕には説得力がある。少なくとも、開国後の日本文化が病理的であるという、インパクトが強いわりに根拠の薄いきめつけよりは、日本文化そのものに自己保存的な二重構造があるという発想のほうが、はるかに射程が深いように思う。

ならば、岸田の言う「内的自己」と、丸山の言う「深層」は同じものなのか。このふたつは近いが、必ずしも一致しない。また、「内的自己」「外的自己」や「表層」「深層」の区分は、個人の中でも共存可能である。ここで、丸山の説についても一抹の違和感が残るのは、「表層」と「深層」という空間的な区別である。

僕はこの区別はむしろ、「構造」と「形態」とすべきではないかと考えている。分かるひとには分かるように、これは精神分析家ラカンによる「象徴界」と「想像界」という区分の応用である。もちろん「構造と形態は同じではないか？」という疑問もあろう。これについては、イヌの品種の多様性や、位相幾何学の例で説明することができる。

イヌの品種はきわめて多様だ。土佐《とさ》犬とチワワでは大きさも形態もまったく異なる。にもかかわらずいずれもイヌという同一種の構造を持っている。あるいはコーヒーカップとドーナツの比較を考えてみよう。これも見かけ上の形態はまったく異なるが、トポロジー的には同一とされる。

僕の言わんとするところはこうだ。日本文化の雑食性を説明するなら、変化する表層と不変の深層という対比よりは、形態の流動性と、構造の同一性という対比で考えるほうが、より多くの事がらが説明可能になるだろう。なにしろ見かけ上は、表層以上に深層のほうが流動的に見えるような文化事象も存在するのだから。たとえばテレビなどのメディアにはそうした逆転がしばしば見られる。流動的なハードと保守的なコンテンツ、といった対比として（テレビのブラウン管が液晶になっても、バラエティやワイドショーの〝中身〟はほぼ一緒、であるように）。

今回取り上げた「和洋折衷」にせよ「和魂洋才」にせよ、こうした対比構造で語ることが十分に可能だ。〝和〟の構造のうえに〝洋〟の形を展開すること。ここでもう一度、あのハロウィン提灯《ちょうちん》を思い出してみてほしい。

白洲次郎もまた、和魂洋才の典型だった。オックスブリッジの英語力と完璧《かんぺき》な英国風背広の下には、〝大和魂〟とでも形容されるような「気骨」＝構造があったはずだ。しかしここで、奇妙な逆転が起こる。白洲の気骨＝生き方が注目されればされるほど、その業績は乏しいものにならざるを得ない。「生き方」が注目されるような人間は、この社会においては決して主流派たり得ないからだ。

坂本龍馬にも同様の傾向が見て取れるが、彼らの生き方は、そのまま「幕末」や「戦後」のイメージの中に渾然《こんぜん》一体となって溶け込んでいる。彼ら個人の内部における形態と構造の対立そのものが、そのまま社会に表層的変化を呼び込む受容体（「外来語」のような）のようなものとして機能するからだ。かくして、彼らは時代を象徴しつつ変化を媒介する〝キャラクター〟として、その業績とは無関係な存在感を発揮しはじめるだろう。

ここで問題となるのが、まさに「アメリカの影」である。日本にとっての「アメリカ」は、「開国」に際しての存在感や深く長い外交関係ゆえに、もっとも大きな影響力を発揮してきた国である。欲望の間接性を愉《たの》しむヨーロッパに対して、欲求の直接性を追求するアメリカの文化（マクドナルドもしくはコカ・コーラ）は、快感原則（緊張の解放）を重視するがゆえの普遍性を持っている。それゆえアメリカに犯されるということは、〝普遍性に犯される〟ということを意味する。

「アメリカ」に普遍性を感じてしまうことで、「アメリカ」の外部性、他者性の遠近法が混乱する。アメリカはヨーロッパとは異なり、いつのまにか僕たちの中に〝内なる他者〟として住み着いている。僕たちがアメリカ的な普遍性を愛しつつも、アメリカそのものを嫌悪するという矛盾した感情を抱きがちなのは、アメリカが自分たちの内部にもとうに根を下ろしていると自覚するからだ。また、先に触れたヤンキー文化やオタク文化におけるアメリカに対する意識の分裂も、おそらくここに由来するだろう。

参考1　山口晃　一九六九年東京都生まれ。九六年東京芸術大学大学院美術研究科絵画専攻（油画）修士課程修了。緻密《ちみつ》に人物や建築物などを描き込む画風で知られる。二〇

○一年に岡本太郎《おかもとたろう》記念現代芸術大賞優秀賞を受賞。

参考2　天明屋尚　一九六六年東京都生まれ。レコード会社のADなどを経たのち美術家に。日本伝統絵画を現代に転生させる独自の絵画表現を標榜《ひょうぼう》。海外での評価も高く、二〇〇六年サッカーW杯ドイツ大会公式アートポスターでは、十四人の中に唯一日本人作家として選出された。

参考3　『風の男 白洲次郎』青柳恵介著　「昭和史の隠された巨人」の実像に、夫人・正子ら多数の知人の証言で迫る。

参考4　『レジェンド 伝説の男 白洲次郎』北康利著　同著者による『白洲次郎 占領を背負った男』の外伝的内容。白洲次郎の人柄がにじみ出る、何気ない逸話や名文句を時系列で多数紹介。

参考5　今日出海（一九〇三―一九八四）小説家、評論家。初代文化庁長官。一九四六年には白洲次郎の仲立ちで、吉田茂首相に連合国軍最高司令官総司令部GHQの横暴を直訴した。

参考6　ヘンリー・プール　ロンドン、サヴィル・ロウ15番地に本店を構える紳士服テイラー。〝サヴィル・ロウ最古のテイラー〟として広く一般に知られている。

参考7　『ものぐさ精神分析』岸田秀著　人間存在の幻想性に迫り、性から歴史まで文化の諸相を縦横に論じた、岸田流「唯幻論」の集大成。

第六章　女性性と母なるアメリカ

ヤンキーの〝女性性〟

前章で僕は、ヤンキー文化における和洋折衷の問題について触れつつ、日本文化の特性、すなわち変幻自在の表層と、それゆえに不変の深層という問題を指摘した。さらに言えば、〝表層〟と〝深層〟というとらえ方よりは、流動的な〝形態〟と固定的な〝構造〟という理解のほうにいっそう可能性があるとして、それをたとえば白洲次郎の〝和魂洋才〟にみてとろうとした。

彼をヤンキー的とみなすことが適切であるかどうかはともかく、アメリカ・日本をつなぐ境界線上で、彼のような、まさに境界的な存在が活躍しえたという史実そのものが興味深い。

業績（何をなしたか）よりも生き方（どう生きたか）のほうが注目されがちな彼らのような存在が日本の変貌《へんぼう》を支えてきたとすれば、ほぼ同じ立ち位置の存在と僕が考える坂本龍馬がそうであるように、彼らはいわば変革の象徴のような存在として、常に必要とされているのかもしれない。

さて、前章で僕は次のように書いた。「アメリカに犯されるということは、普遍性に犯されるということを意味する」と。あえてこうした強い表現を用いたのにはわけがある。

〝犯される〟という体験が、単純な暴力被害である以上に、〝妊娠〟の危険をはらんでいることに注意しよう。僕たちはアメリカに〝犯された〟結果として、アメリカ的なものへの両義的感情を、僕たちの〝胎内〟に抱え込んだのではないか。それはたとえば、コカ・コーラやマクドナルドといった〝普遍性〟を愛しつつ反米を語るといった身振りに典型ともいえる〝分裂〟として表現されるだろう。

ここで、さらなる「アメリカの影」の分析に入る前に、ちょっとした回り道をしておこうと思う。

それは「ヤンキーの女性性」をめぐっての議論である。

知人である作家・赤坂真理によれば、〝ヤンキーは女性的〟なのだそうだ。これを聞いて意外に思うか、さもありなんと思うかは意見が分かれるだろう。しかし少なくとも、ヤンキーに対して暴力性や硬派のイメージを持っている人にとっては、この言い回しには違和感があるかもしれない。僕はといえば、一瞬虚を衝《つ》かれたように感じながらも、考えれば考えるほど、彼女の意見に全面的に同意せざるを得なかった。

彼女の説明によれば、ヤンキーたちはとにかく「関係性」を大切にする。上下関係のみならず、異性との関係や、とりわけ家族を大切にする傾向がある。こうした関係性への配慮が、彼らを女性的に見せるというのだ。

この指摘はまったく正しい。しかし、もちろんこれだけでは説明不足に過ぎるだろうから、僕なりに補足しておこう。

なぜ関係性への配慮が、それだけで女性的と呼ばれるのか。これはジェンダーをどうとらえるかという問題と深く関わってくる。ごく単純な言い方をすれば、僕は男性の欲望を「所有原理」、女性の欲望を「関係原理」としてとらえている（もちろん例外もあるが）。この違いは、たとえば「結婚」に何を求めるか、という点を考えるだけでもはっきりしてくる。

一般に女性は、結婚を「新しい関係のはじまり」と考える。これに対し、男性は結婚を「性愛関係のひとつの帰結」と考える。もちろん例外もあるにせよ、僕はこうした違いを、かなり本質的なものと考えている。

男性は性愛関係を「所有」として考えがちだ。だから結婚とは、より確実な所有の形式にほかならない。いわば、牛に焼き印を押して牧場の柵《さく》の中に囲い込んでしまうようなものなのだ。それゆえ多くの男は、蜜月《みつげつ》期間が過ぎてしまうと、しだいに夫婦関係のメンテナンスを怠るようになってしまう。「釣った魚に餌はやらない」というやつだ。

ここには実は、男性特有の甘えがある。「いったん所有されてしまった女性は、所有者のことをけっして裏切らないだろう」という、さしたる根拠のない甘えが。

さらに言えば男性は、たとえ結婚した後でも、不倫関係などで複数の異性関係を求めたがる傾向がある。ここにも「所有物を増やしたい」という欲望の反映をみてとることができるだろう。またたからこそ、ハーレムや一夫多妻などは、「男の夢」なのである。

これに対して女性は、結婚相手との関係を大切に育《はぐく》みながら、より理想的なパートナーへの成長を期待する。だからこそ、関係性のメンテナンスが重要なのだ。もちろん女性の側が不倫に走ることもあるだろうが、それは夫への絶望がきっかけであることが多い。それでなくても基本的に、女性は一対多の性愛関係をそれほど強くは求めない。女性にとっては関係性の「量」よりも「質」のほうが重要だからだ。

とりわけ子育ては、夫婦関係の質を高めるチャンスなのだが、メンテナンスに無関心な男性は、しばしばそれを妻に任せきりにしてしまう。こうした意識のギャップが、次第に夫婦間のすれ違いの溝を広げていくのだ。もっとも最近は「イクメン」がブームらしいから、こうした状況も少しずつ改善されつつあるのかもしれない。

以上の議論については、拙著『関係する女 所有する男』にくわしく述べたので、疑問や関心のある方はそちらを読んでいただければ幸いである。

ヤンキーの関係原理については、これでおおよそは理解していただけただろうか。彼らはとにかく仲間とのつながりを大切にする。また家族を大切にする。ヤンキーの家族主義は、彼らが愛される大きな理由の一つだ。キムタクから亀田三兄弟に至るまで、彼らは意外なほど、常に家族主義的である。両親を尊敬し、パートナーとの絆《きずな》を大切にしつつ、わが子をこのうえなく愛《いと》おしむ。彼らが仲間を大切にする意識すら、どこか家族主義の延長にみえるところがある。こうした傾向を「女性的」と呼びうるのなら、なるほど確かにヤンキーは女性的な存在なのだ。

「高橋歩」とは誰か

ヤンキーと女性性と家族主義、という問題に関連して、ここでふれておきたい人物がいる。

彼の名を高橋歩という。

僕が彼の名前を知ったのは、うかつにもかなり最近、三年ほど前のことだった。彼についてご存じない方もおられるだろうから、ここで簡単に説明しておこう。

高橋歩は一九七二年生まれの自称「自由人」である。株式会社A－Worksの代表取締役であり、このほか株式会社PLAY EARTHの経営者でもあるが、公式サイトによれば、家族四人で世界一周旅行を終えた後、現在はハワイに拠点を構えているとのことだ。

二十歳で映画『カクテル』に憧《あこが》れ大学を中退、仲間とアメリカンバー「ROCKWELL'S」を開店する。二十三歳で仲間とサンクチュアリ出版を設立し、二十五歳で自伝『毎日が冒険』（参考1）を出版。二十六歳で結婚し、「すべての肩書きをリセット」し、妻とふたりで「世界大冒険」旅行に出かける。

二〇〇〇年以降は沖縄《おきなわ》に移住し、仲間と「ビーチロックハウス」をオープン。次いでその店を「アジト」にして、「生きることの素晴しさを世界中に発信していく」プロジェクト「島プロジェクト」を開始している。彼の自由な生き方は多くの若者の共感を呼び、いまや高橋は、二十代の若者にとってカリスマ的存在となっている。

さて、残念ながらポジティブな説明はここまでだ。さまざまな報道によれば、読谷《よみたん》村《そん》で経営していたビーチロックハウスは、住民との間で騒音やゴミ問題などのトラブルを起こし、二〇〇五年に閉店。二〇〇一年に開始した無人島でのパラダイス建設を目指す「島プロジェクト」は、宮古《みやこ》島《じま》市池間《いけま》島《じま》での不登校や引きこもりの青少年のためのフリースクール（「池間島自然学校」）建設計画として具体化したが、地元住民からの反対運動を受け二〇〇三年に撤退を余儀なくされたという。

先ほども述べたとおり、高橋は自分探し系の若者のカリスマであり、その代表作

『毎日が冒険』は、そうした若者にとってのバイブルであるという。ただし彼についでは、沖縄で起こしたというさまざまなトラブルもあり、肯定的な意見ばかりではない。

また、「琉球《りゅうきゅう》新報」に掲載された「池間島自然学校」の記事（二〇〇三年十月五日付）が事実なら、批判されても仕方がない一面はあると僕は考える。少なくともこのプロジェクトに「不登校や引きこもり」支援を含めることを本気で考えていたのなら、これは専門家としてとうてい看過できない。

この記事にも「カフェや宿泊施設の設置は自然学校の当初の目的とは程遠く、島おこしではなく、島民生活を壊すもの」という批判が掲載されている。果たして「不登校や引きこもり」の専門家がプロジェクトに参加していたのか。例によってゼロからスタートしようとはしていなかったか。島プロジェクトを推進するための口当たりの良い口実として、「不登校や引きこもり」をダシにしていたのではないか。

ちなみに、高橋に関する記述のどこにも、ヤンキーの文字はみられない。にもかかわらず、彼を自明の如くヤンキー扱いすることは正しいのだろうか。しかしこれについては、彼自身のこんな証言もある。

「中学生になると、俺はヤンキーになっちゃったんで、オヤジには怒られることはあっても、いっしょに遊びに行くようなことはなくなりました。でも、ヤンキーやりながら、家では進研ゼミをやってる子で、毎晩7時には家族で食卓を囲むという高橋家のルールがあったんですが、それだけは守ってました」

（ACROSS「高橋歩／TAKAHASHI AYUMU インタビュー」http://www.web-across.com/person/d6eo3n000003xto.html）

家族思いのヤンキーなど冗談じゃない、と感じられただろうか？　しかし私見では、ヤンキーほど家族思いの若者も珍しい。その意味で高橋は、本書で対象とする広義のヤンキーにほぼ該当するとも言えるのだ。

行動主義と家族主義

ここで高橋のエピソードを紹介したのは、必ずしも批判のためばかりではない。最近出版された彼の語録『夢は逃げない。逃げるのはいつも自分だ。』（サンクチュアリ出版　参考2）を読めば、彼の人生観が良くわかる。ここには以前から僕が注目している「ヤンキー的リアリズム」が凝縮されているように思われるため、いくつか引用してみよう。

本書の内容は、ざっくり分けるなら二つの価値観から成り立っている。

ひとつは「行動主義」だ。たとえばこんな具合に。

「大切なのは勇気ではなく、覚悟。ハラを決めてしまえば、すべてが動き始めるよ」

「本気さで勝つ、アッさで勝つ、バイブスで勝つ！」

「デカイことなんて言わず、身分相応に静かに生きてくより、デカイこと言った後に『ヤベェ、言っちった、もう後戻りできねェ』って一人で頑張る方が、オレは美しいと思うし、アートを感じる」

「Ｂｅｌｉｅｖｅ ｙｏｕｒ鳥肌。鳥肌が立つほどの感動なんて、めったに出会えるもんじゃない。（中略）偉い人の言葉なんかより、自分が心底震えたことのほうが、はるかに本当であり、嘘がないよな。だから大きな選択を迫られたとき、オレは、自分の鳥肌を信じてる」

「日本の政治家に不満？　ハイ、そう思う人は政治家になりましょう」

ひたすら繰り返されるのは、とにかく自分の好きなことを、アッさと気合で、やれるだけやってみろ、という行動主義だ。以前取り上げた、「アゲ」を至上の価値観としていたギャルのカルチャーを想起しても良い。その一方で、全体の状況を冷静に判断し、緻密《ちみつ》な予測と計算に基づいて行動するような姿勢は、一貫して軽蔑《けいべつ》される。彼の言葉を借りるなら、判断よりも決断が大事、というわけだ。

反知性的とまで言えば言葉が過ぎるかも知れないが、おそらくこうした「感性に基づく投企的行動主義」こそが彼の美学であり、そこにははっきりと「ヤンキー的リアリズム」が刻印されている。しかし僕には、彼の人生哲学に彼の実人生がリアルに反映されていると素朴に信ずる気にはなれない。彼に限ったことではないが、成功者の哲学は、ほぼきまって、成功してから後付けで考え出されたものだ。だから案外、一般人には応用が利かないのである。

高橋にしても、常に「アッさ」や「鳥肌」だけで行動してきたとは思えない。こだわるようだが、「島プロジェクト」の目的に、著作を読む限り、彼の人生にも興味にも無関係としか思えない「不登校」や「引きこもり」の支援を掲げた事実があるからだ。そこには、当時たまたまマスコミで盛り上がっていた「引きこもり」ブームに便乗しようという冷徹な計算が透けて見えないだろうか。これこそは彼が忌み嫌うマーケティング的発想の典型ではなかったか。もっとも、それゆえに撤退を余儀なくされたとすれば、「マーケティングではうまくいかない」という彼の人生哲学は正しかったことになるわけだが。

しかし高橋自身にとっては、こうした矛盾は矛盾として意識されていないようにもみえる。むしろそうした判断も含めて、常に自分の人生が場当たり的な賭《か》けであり、その都度辛うじて勝ち越してきた、というのが嘘偽りのない彼の自己イメージであり、彼自身の物語なのだろう。

それが彼の「美学」なら、それについてまでどうこう言うのはよけいなお節介かもしれない。しかしそれにしても、成功したヤンキーの人生訓がたいがい似たり寄ったりになりがちなのは、こうした美学的判断のためでなければなんだろうか。

「感性的行動主義」に次いで、あるいはそれ以上に重要なのが、彼らの「家族主義」である。再び語録から引用しよう。

「オレはジダンを本当にリスペクトしているんだ。世界で一番サッカーを愛していた男が、ワールドカップの決勝って舞台で、姉ちゃんの悪口を言われて、頭突きに行くんだぜ。キャプテンで国を背負って出場してるヤツがだよ。ちょっと頭に来たとかのレベルじゃない。最高にアツいし、格好良いよね」

「たとえどんなに世の中のためになっている人でも、家族を犠牲にして、環境のため、世界平和のためって動いていたら、全然ピンとこないな。家族って、いわば人の源流。源流が汚れている川からキレイな水は流れっこないでしょ。(中略)世界って、家族が集まってできているもの。家族がうまくいってなきゃ、自分の足下《あしもと》がくずれているんだから、何も積み上がっていかないよ。世界平和って言いながら、自分の家族が崩壊してちゃ、意味不明だよな。自分の家族も守れないヤツに、日本も世界も環境も平和もない」

「仲間も大事、仕事も大事、家族も大事。ただ三択の時は、すべてぶっとばして家族を選ぶ」

本来はしばしば矛盾を来すはずの行動主義と家族主義も、彼の中では一体化している。家族一丸となって夢を実現する物語が世間から好まれるのは、以前にもその名を挙げた亀田三兄弟などが好例だ。高橋歩がカリスマたり得ている一つの根拠が、彼を支える家族にあることは論を俟《ま》たない。どういうことだろうか。

コミュニティのカリスマがもし独身男性だったら、そこでハーレム化が生ずるであろうことは容易に予想できる。それゆえカリスマの家族主義は、ある種の禁欲的な姿勢としても高く評価されるのだ。彼の家族愛が本物か偽物かはどうでも良い。ただ、高橋が若者のカリスマたるためには、その家族愛が〝演出上〟も必要であったということは疑う余地がない。

さて、ここで考えておきたいのは、「自分探し」系のカリスマである高橋の存在は、はたして父性的か母性的か、という問題である。

この問いについては、すでに答えは出ていると考えて良い。おのれの感性を信じて行動すること、家族の絆《きずな》を大切にすること、それがこのカリスマの規範であるとすれば、それはどんな父性原理とも似ていない。

「ありのままの自分」を否定＝去勢し、準拠すべきルールと規範を僕たちに押しつける存在こそが父性であるとしたら、高橋のたたずまいはその対極ですらある。そもそも語録にもこうある。「去勢されるな。望むことを忘れるな」と。そう、高橋のカリスマ性とは、徹底して母性的なものなのだ。

ここでついでのように軽く言及しておきたいことが一つある。それは高橋の美意識に関するものだ。彼が最初に仲間と開いたアメリカンバーの名前を覚えているだろうか。そう、「ROCKWELL'S」だ。このバーの店内には、アメリカの大衆画家ノーマン・ロックウェルの絵が飾ってあったという。おそらくここに、高橋の憧《あこが》れる「アメリカ」があったと考えられる。

さて、あらためて彼の『夢は逃げない～』を手に取ってみよう。本書のいたるところに、ロックスターやパイロットなどに扮《ふん》した白人の子供たちの写真が配置されている。写真家のクレジットが見あたらないが、いずれにせよこれらの写真は、直接的にロックウェル的なモチーフを連想させずにはおかないだろう。そう、アメリカ的イノセンスである。無垢《むく》で純真なアメリカ。それは、この母性的なカリスマの出発点であり、いまだその憧れの象徴であるということだ。

村上春樹とアメリカの影

ところで僕は前章において、ヤンキーの「和洋折衷」について触れたさいに、「和のスタイルを基本として洋を消化吸収した表現こそが、和洋折衷にほかならない」と述べた。しかし、もちろんこれだけでは、十分な表現とは言えない。なぜならそこに「村上春樹《むらかみはるき》」という問題があるからだ。

小説家・村上春樹の作品、とりわけその初期作品においては、アメリカ文学の濃厚な影響が感じられる。この点に異論はないだろう。彼のデビュー作『風の歌を聴け』（参考3）は、架空の作家デレク・ハートフィールドの設定といい、まるでカート・ヴォネガットJr.（当時）のパスティーシュを思わせた。しかし、村上の小説に登場するのはもちろん日本人だ。つまり村上春樹の初期作品もまた、ある種の和洋折衷的なもの、と言えるような性質を持っていた。

にもかかわらず、村上春樹を「ヤンキー的」とみなすことは難しい。初期作品に限っても、そこにいかなる「ヤンキー臭」もない。もちろんそれは小説のスタイルによるところもあるだろう。彼の小説は和洋折衷と言うよりは、アメリカ小説そのものに似すぎている。つまり「折衷」の要素が乏しすぎる。

あるいは村上の小説に通奏低音のように流れている「喪失」のモチーフもまた、ヤンキー的なテーマとはほど遠いものだ。ヤンキー的なフィクションにおいては、トラウマすらも最終的にポジティブな描かれ方をするということは、ケータイ小説などを読めば良くわかる。

しかし、ならば、あらためて問わねばなるまい。ヤンキー文化の背景にアメリカの影がひそんでいるとして、それはいかなる「影」なのか。

加藤典洋《かとうのりひろ》の、文字通り『アメリカの影』（講談社文芸文庫　参考4）というタイトルを持つデビュー作は、文芸批評に経済的視点を持ち込んだという点でも先駆的なものだった。しかしここで取り上げるのは、この点ではない。

加藤は、この評論において、批評家の江藤淳《えとうじゅん》が・当時の文壇の評価とは逆に・村上龍《りゅう》のデビュー作『限りなく透明に近いブルー』(参考5)を否定しつつ、田中康夫《たなかやすお》のデビュー作『なんとなく、クリスタル』(参考6)を称賛したという奇妙な身振りについて読み解こうとする。加藤によれば『限りなく～』には「そこに『ヤンキー・ゴウ・ホーム!』という『情動的なナショナリズムの叫び』が入っている」がゆえに、反米の思いを共有する文壇には受け入れられ、またそれゆえに江藤はこれを拒絶した。しかし『なんとなく～』はどうだったか。こちらは「けっして『ヤンキー・ゴウ・ホーム!』といわない基地小説」であり、「日本はアメリカなしにはやっていけない」というタブーにふれた小説であったが故に拒否された。その一方でこの小説は、江藤における「親米愛国」という「密教的ナショナリズム」に一致したため評価されたのだ。少なくとも、加藤はそう述べている。

市川真人《いちかわまこと》は、近著『芥川《あくたがわ》賞はなぜ村上春樹に与えられなかったか』(幻冬舎新書　参考7)と題された新書で、以上の加藤の議論をふまえた上で村上春樹について述べている。彼によれば、状況は次のように整理される。

「村上龍と田中康夫はそれぞれ、基地の街で米兵やコールガールに囲まれて生きる青年と、消費社会化した東京の街でブランド品に包まれて生きる女子大生を描くことで、一方は『屈辱』として、もう一方は『依頼』として、自分たちとアメリカの関係を作品化しました」

しかし村上春樹が試みたことは、これらのいずれとも異なる戦略だった。彼はまず日本文学をパロディにした。しかし「そこに入れる『新鮮で独創的なもの』には、『アメリカ』が選ばれた。それも、伝統的な『アメリカ文学』ではなくて、キッチュでフェイクな『ポップアート』としてのアメリカ」だったとされる。「それはほとんど、〝アメリカン・ポップアートとしての日本〟を発見することであり、それを引き受けた日本人として、アメリカを『擬態』することでした。それは結局、無意識のうちにアメリカ的な日本、に対する批評的な作業をすることでも」あったのだ。

ヤンキー文化は、素朴なメタレベルやフェイクには相性が良いのだが、そこに「お笑い」以上の複雑な批評性を持たせようとすると、むしろヤンキー性からかけはなれていく。こうした特性をふまえるなら、村上春樹がおよそヤンキー的にみえないのは、当然のことかもしれない。

ちなみに、ここに名前の挙がった三人の作家のいずれも、ヤンキー的な印象は乏しい。それは彼らが、現実に対して鋭く批評的に向き合おうとする書き手であることによるだろう。そのうえであえて言えば、ほとんど小説を書かなくなった田中はともかく、村上龍はヤンキー描写がかなり巧みであるように思う。彼の小説『テニスボーイの憂鬱《ゆううつ》』（参考8）は、ヤンキーそのものが出てこないヤンキー小説として先駆的な傑作だった。

閑話休題、市川は本書で、「『父』の喪失」について次のように述べている。

「江藤淳や加藤典洋の議論を踏まえれば、『父』をめぐる問題は、戦後日本の主体＝『私』意識の根幹をなしていました。

そもそも『風の歌を聴け』が唐突に書きつけた『八月十五日』の昭和天皇の玉音放送と、続く人間宣言じたい、父性の喪失、（と、それまで父として振る舞っていたものが虚構であったという告白）であり、教育による階級移動（の夢）が生じさせた・恥ずかしい父・とその父に頼ることのパラドックスは、連綿と続いていました。

それらに代わるものとしての戦後の『強い「父」としてのアメリカ』が登場しますが、『限りなく透明に近いブルー』や『モッキングバードのいる町』をはじめ多くの小説が、アメリカを自分から切り離した対象ととらえることで『なしでもやっていける』身振りを演じ、読み手たちもまた、そのように読むことで『限定し、承認してみせる』『強い「父」』＝アメリカを、（ほんとうは内面化しているにもかかわらず）自分たちの外側に作り出そうとしてきた……つねにそこでは、「父」のいる／いないが、底流にあったわけです」（前掲書）

この『父』のいる／いない」を一貫して問い続けてきたのが当時の芥川賞作品であったとすれば、一貫して「父にならない主人公」を描き続ける村上春樹が芥川賞を受賞しないのは当然である。彼の小説は「父になることを拒絶し、母にもたれることにも背を向けて、(中略)『個であり自由であることを求め』た」小説だった。そのような小説に対して文壇は、芥川賞を「与えることができなかった」とまで、市川は述べている。

母なるアメリカ

ここで注目すべきは「父としてのアメリカ」という概念だ。

ここまでの議論を踏まえるなら、少なくとも日本の戦後文学において、アメリカ的父性の問題が無視できないものであることははっきりしている。ならば日本における「アメリカの影」とは、そのまま父性をめぐる問題なのだろうか。それは文学の外側でも、そのように機能していたのだろうか。

そうではあるまい。高橋歩の憧《あこが》れが〝ノーマン・ロックウェル的なアメリカ〟に照準していたとすれば、それは少なくともアメリカの父性的な部分とはあまり関係がない。それはむしろ〝純真無垢なフロンティア〟としてのアメリカであり、そうしたイノセンスの器としてのアメリカ的母性ではなかったか。

つまり彼にとってのアメリカン・ドリームとは、イノセントな衝動のみに基づいた自己投企を成功させることであり、その前提として、そうした自己投企を全面的に受容してくれる無垢《むく》なる母性としてのアメリカが想定されていたのではなかったか。

このように考えることで、少なくともいくつかの謎が解けるように僕には思える。なぜ初期のツッパリは「リーゼント」だったのか。なぜ矢沢永吉はアメリカを目指したのか。なぜ日本のヤンキーは好んでディズニーキャラやMIKI HOUSEを身にまとうのか。そして、なぜアメリカで経済的に成功した日本人の佇《たたず》まいは、しばしば〝日本的な意味での〟「ヤンキー的」に見えるのか……。

それはアメリカという母性、すなわち「無垢であること」を条件に大いなる承認を与えてくれる〝母性のトポス〟としてのアメリカ、というものが、常に無意識の参照枠となっているためでなければ何だろうか。

ここにおいて冒頭に投げかけておいた問い、「ヤンキーの女性性」に対する回答の一部もまた、与えられるように思う。ヤンキーたちが、みずから「無垢なるアメリカ」という幻想を内面化しつつ、憧れとともに「アメリカ」に対峙《たいじ》するとき、その関係は限りなく母と娘の関係に接近するからだ。それは言うまでもなく支配関係ではあるのだが、父のするような「規範による支配」ではない。

ヤンキーたちにとっては、戦争の記憶も占領の屈辱も、それほど大きなトラウマやコンプレックスの源にはなっていない。彼らにとっては、いかなる意味でも「アメリカ」は父性を代替しない。これは彼らの価値観をみれば容易にみてとれる。仮にアメリカニズムを、自由、平等、フロンティア精神、民主主義などで代表させうるとすれば、これらがヤンキーたちの規範たり得ているとはとうてい考えられないからだ。ましてアメリカニズムの背景にあるプロテスタンティズムに至っては、ヤンキー文化の中にその痕跡《こんせき》すらみあたらない。これほど規範に影響を与えないものを父性とは呼ばない。

むしろ彼らは、反抗のためのスタイルを、素朴にアメリカ的な身体（ロックンロール、リーゼント、バイクｅｔｃ．）として輸入したのではなかったか。かつて暴走族が、二十歳までの過渡的なライフスタイルと自覚されていたように、こうしたアメリカ的身体は、それがフェイクとして演じられる一過性のイノセンスであることを演出すべく、無意識に選ばれたスタイルではなかったか。

つまりヤンキー文化の成り立ちとして、ライフスタイルですらない過渡的な身体性のみをアメリカから輸入したと考えるなら、やはり「アメリカ」と「ヤンキー」の関係性は、母と娘の関係性に近似的なものということになる。なぜなら母と娘の関係とは、父と息子の関係を媒介する「規範」の代わりに、「身体性」によって媒介されるものであるからだ（このあたりの議論の詳細については、拙著『母は娘の人生を支配する』NHKブックス　参考9を参照されたい)。

このためかどうか、「ヤンキー」と「アメリカ」の関係は、両義的にも見える。白人をひどく苦手とするヤンキーがいる一方で、高橋歩のように、歴史的経緯も政治的葛藤《かっとう》もなかったかのように、ひたすらアメリカン・スタイルに憧れる「ヤンキー」もいる。これは、みずからの身体に母の身体がすでにインストールされてしまっていることによる、娘から母への両義的感情に似てはいないだろうか。

もしそうだとすれば、僕が検証しつつある「ヤンキー的リアリズム」においても、こうした「アメリカ的身体」が痕跡を留《とど》めている可能性がある。次章ではこの視点から、主としてヤンキーの教育観に照準しつつ議論を進めたい。

参考1　『毎日が冒険』新装版　高橋歩著　テキサスでのカウボーイ修業、未経験ながらの出店、本の出版、ついには会社までも創《つく》る――。二十五歳の著者が自ら語るサクセス・ストーリー。

参考2　『夢は逃げない。逃げるのはいつも自分だ。』高橋歩著　イベントで日本全国三万人の若者たちと出会い、直接語り合ってきた著者の、〝リアル〟な語録集。

参考3　『風の歌を聴け』村上春樹著　今や世界的な作家となった著者の記念すべきデビュー作。青春の一片を乾いた軽快なタッチで捉《とら》え、一九七九年に群像新人文学賞を受賞。講談社文庫。

参考4『アメリカの影』加藤典洋著　江藤淳の『成熟と喪失』の研究を通して、戦後社会の変容、日米関係の〝原質〟に迫る著者のデビュー作。

参考5『限りなく透明に近いブルー』村上龍著　米軍基地の街・福生《ふっさ》を舞台に音楽とドラッグとセックスに満ちた退廃の日々。その向こうにきらめく希望―。一九七六年の群像新人文学賞と芥川賞を受賞した、著者のデビュー作。

参考6『なんとなく、クリスタル』田中康夫著　最先端の風俗を生きる女子大生の自由な日々を巧みな構成で描き「クリスタル族」を生んだベストセラー小説。一九八〇年に文藝賞を受賞。新潮文庫。

参考7『芥川賞はなぜ村上春樹に与えられなかったか』市川真人著　世界的作家となった村上春樹に芥川賞が与えられなかった理由とは。選考会で何があったのか。さらには芥川賞の実態とは何なのか。気鋭の文芸評論家が日本文学の実情と今後に迫る。

参考8『テニスボーイの憂鬱』上下　村上龍著　地主の息子でステーキハウスの店長青木《あおき》は妻帯者ながら偶然出会ったモデルと恋に落ちる。満ち足りた人間が更に求める興奮と狂喜の果てとは。一九八五年発表の恋愛小説。集英社文庫。

参考9『母は娘の人生を支配する』斎藤環著　臨床ケース・事件報道・少女漫画などを素材に母性の強迫を精神分析的に考察。「自覚なき支配」「自立」の重要性を明かし、新たな関係性を探る母娘論。

第七章　ヤンキー先生と「逃げない夢」

語る者と導かれる者

前章で、僕はいささか辛口のトーンながら、若者のカリスマ・高橋歩について検討した。彼はライフスタイル、すなわち自らの生き方を行動と言葉で示すことで若者の憧れと支持を獲得している。ヤンキー文化においては、この種の言行一致ぶりが重要な評価の基準となる。それは言ってみれば、ある種の強烈な身体性をともなった〝倫理観〟として、若者の向かうべき方向を指し示す。

むろんこれは一種のパターナリズムだ。だからといって、性急な批判はお門違いかもしれない。そもそも現代において、パターナリズムくらい困難になってしまったものがあるだろうか。あらゆる価値は相対化され、そもそも価値観そのものが無根拠な判断に過ぎないとおとしめられつつある現在、どこにもパターナリズムが生き延びる余地などはなさそうにも思われる。

しかし、それは僕の浅薄な誤解だった。繰り返しになるが、高橋の徹底した「行動主義」は次のような魅力的な言葉によってくり返し表明され、彼に傾倒する者たちをいっそう酔わせずにはおかない。「大切なのは勇気ではなく、覚悟」、「本気さで勝つ、アッさで勝つ、バイブスで勝つ！」、「Ｂｅｌｉｅｖｅ ｙｏｕｒ鳥肌」、「判断よりも決断が大事」などなど。

僕の個人的感想をどうしても言えというのなら、こうした言葉に多くの人々が熱く共感をしている場所には、たぶん「いたたまれない」だろう。それは単なる嫌悪感とも軽蔑《けいべつ》とも違う。ただ、いたたまれないのだ。そんな気の利いた言葉に、ちょっとは共感してしまいそうな自分を発見して、動揺しつつ惨めな思いを噛《か》みしめる。そんな状況からはとっとと逃げだしたい。

僕は高橋のこうした姿勢について「感性に基づく投企的行動主義」と述べた。同時に、それが後付けで考え出された人生哲学かもしれない、とも。どういうことだろうか。

あなたは不思議に思わないだろうか。多くの「ヤンキー勝ち組」達（「元」はつけない）は、こうした無茶としか言いようのない行動原理のもとで一定以上の成功を収めている。確率的に考えたらとうてい成功を見込めないような場所で、彼らはみごとに成功を収めているのだ。

「判断よりも決断が大事」という言葉に表明されているように、彼らは「計画」や

「戦略」といった小賢《こざか》しさを嫌う。「逃げること」や「判断保留」、「妥協」や「保険をかけること」を嫌悪する。まさにアゲアゲの体当たり至上主義こそが彼らの真骨頂だ。

しかし、と僕はいささか意地悪く夢想する。もしその「鳥肌」が、「バイブス」が勘違いだったら？　ありえない話ではない。早い話がオウム信者は、みな麻原《あさはら》の言葉にふれて〝鳥肌〟が立ち、素敵な〝バイブス〟を受け取ったに違いないのだから。

僕に言わせれば、それはまさしく危険きわまりない「賭《か》け」の勧めにしか見えないのだが、彼らは常に自信満々である。このオレをみろ、というわけだ。落ちこぼれのオレにすらできたんだから、オマエにも必ずできる。ある意味、かなり無責任なこうした煽《あお》り文句は、しかしおそらく、多くの人々を感動させ、勇気づけすらするだろう。

むろん彼らは夢想家であると同時に努力家でもある。しかし僕は彼らが言うように「努力さえすれば夢は叶《かな》う」と公言する気にはどうしてもなれない。これは僕が「ひきこもり」という、しばしば無数の「夢の残骸《ざんがい》」を抱えた人々と長くつきあってきたためばかりとも思われない。

おそらくオタクに比べてすらも、ヤンキー集団は格差集団だろう。ほんの一パーセントにも満たない成功者の周囲を、膨大な落伍《らくご》者が取り巻いている構図がイメージされる。決して変節することなく成功を収めたヒーローと、同じ行動原理で生きながら挫折《ざせつ》した者たち。成功者は自らの行動原理を哲学として語るだろう。落伍者はその言葉に熱く共感しながら、「オレもいつかは」と夢想する。

　率直に言えば、彼らの「哲学」は凡庸なまでに世俗的だ。ただ、言い回しはかなり巧みで説得力があり、時に詩的ですらある。まさに相田みつをがそうだったように。彼らの言葉は新しい価値観を教えてはくれない。むしろすでに人々の中に潜在している価値観に形を与えることで、あたかも自らそれを発見したかのような錯覚をもたらしてくれる。その効果はしばしば一時的であるにせよ、発見は人々を励まし、つよく動機付けてくれるだろう。

　語る者と導かれる者、この両者の違いとはなんだろう？　資質の違い？　精神力の違い？　コミュ力の違い？

　そんな検証しようがない要素をいくら考えても結果論にしかならない。ならば「その違いは偶然でしかない」と考えても構わないだろう。そう、少なくとも僕は、この「格差」の要因として、偶然がほとんど決定的な意味を持つと考えている。

　数少ない成功者は、半ば必然的に、自らの成功をおのれの人生哲学に仮託して語り始めるだろう。それが悪いとは誰にも言えない。しかし、それは残念ながら、一般化できないルール、彼か彼女にしか通用しなかったルールかもしれないのだ。ただ、彼らの「成功の法則」には奇妙な共通性がある。この共通性が、彼らの主張を真実らしく見せている要因なのではないだろうか。ここではそれを、仮に「ヤンキー的リアリズム」と呼ぼう。

ヤンキー先生の「リアリズム」

本書がタイトルに「ヤンキー」を冠している以上、「ヤンキー先生」こと義家弘介《よしいえひろゆき》について避けて通るわけにはいかない。

義家弘介、一九七一年長野《ながの》県生まれ、元ヤンキー。かつて自らの母校である北星《ほくせい》学園余市《よいち》高等学校に教師として赴任し、そこでの経験をまとめた『ヤンキー母校に生きる』（文春文庫 参考1）がベストセラーとなり一躍有名人となる……などという話は誰でも知っているだろうからこのくらいにしておこう。

現在は松蔭《しょういん》大学特任教授にして参議院議員となった彼の人生もきわめて振幅が大きい。高校二年生で暴力事件を起こし両親に絶縁されて里親に預けられる。その後、北海道の北星学園余市高等学校に編入し、ここで見事に更生して大学に合格する。しかし弁護士を目指して勉強中にバイクの事故で重傷を負い、見舞いに来てくれた恩師の励ましに感動して、ついに母校の教壇に立つ。そこからはじまる快進撃は誰もが知るとおり、というわけだ。

本書はヤンキーの美学、ヤンキーのリアリズムをテーマとするため、「実際にヤンキー歴があったかどうか」はあまり重視してこなかった。しかし義家の場合は、むしろ事実関係こそが重要なので、ややくわしく述べておこう。

義家が「ぐれた」のには理由がある。すべてのヤンキーに理由があるように。彼の母親は実の母親ではなかった。父親から何度も「お前は浮気の子どもだ」といわれ続けた言葉の真相を、小学校高学年のある日、親戚《しんせき》の口から告げられる。彼の父親と実母は、彼がまだ幼い頃に離婚していたのだ。この日を境に、義家少年は世界を憎むようになる。とりわけ身勝手な「大人の都合」を（『不良少年の夢―ヤンキー先生の熱き挑戦』光文社　知恵の森文庫　参考2）。

かくして義家は、中学一年にしてヤンキーデビューを果たす。脱色した髪、ボンタンにタンランというファッションで睨《にら》みをきかす。その後はお定まりのコースだ。喧《けん》嘩《か》、タバコ、シンナー、バイク、不純異性交遊、そして暴力団との関係……家族に対する激しい暴力と、交際していた女生徒を注意した担任の頭に火をつけるという暴行事件がきっかけとなって、ついに里親に預けられることになる。

なるほどこうしてみると、確かに「ヤンキー先生」の名前はダテではないようだ。

いまや国会議員として、日教組がおかしてきた罪状の糾弾に余念がない義家だが、彼の書いてきた本を読んでいくと、そこにはまがうかたなきヤンキー的感性が脈々と息づいていることを感じずにはいられない。

ヤンキー的感性？　人々は首をかしげるだろう。だって、彼は〝更生〟して母校の教師になったんじゃなかったの？　と。いや、それは間違いなく事実だし、なにも更生がウソだと批判したいわけではない。彼の教育観については受け入れがたい部分も多々あるが、本書の主目的はそうした批判ではない。僕はただ、彼の「変わらなさ」にこそ注目しておきたいのだ。

義家は間違いなく変わった。ある種の転向を遂げた、とすら言えるかもしれない。しかし、ならば、それはいかなる転向であったのか。それはなにも、共産党員から自民党員へ、といった些末《さまつ》な問題ですらない。彼が更生したというのなら、いったいいかにしてそれが可能になったのか、そこをこそ問わなくてはならないはずだ。教師という立場に身を置くことで、彼の「反社会性」は無害化された。そういう問題だろうか。僕にはどうもそうとは思えない。もちろん義家がいまなお犯罪に手を染める可能性があるとか、そういうことが言いたいわけではない。そうではなくて、彼のもっとも中心にあるもの、彼の言葉で言えば「熱」にあたるもの（これについてはまた後でふれる）、これこそが、ヤンキー時代から少しも変わることなく受け継がれてきた彼の本質なのではなかったか。

よく知られた話だが、義家は大学時代、弁護士を目指して勉強中に、バイクで事故を起こし生死の境をさまよった。彼を救ったのは病床に駆けつけたかつての恩師である「安達《あだち》先生」の「あなたは私の夢だから、死なないで」という言葉だったという。

そして、回復した彼は決意するのだ。

「クソッタレの世の中に噛み付いて生きて行こうとずっと努力してきた。でも、それはもうやめにしよう。クソッタレの世の中だからこそ、傷つき、涙している人たちがいる。俺はその人たちに寄り添いながら生きていこう」（義家弘介『ヤンボコ―母校北星余市を去るまで』文春文庫　参考3）

「クソッタレの世の中」という言葉に注意しよう。この言葉には、後にふれるヤンキーの社会に対する関心の希薄さにも通ずるような、曖昧《あいまい》な汎用《はんよう》性がある。つまりいつの時代でも通用する言葉、ということだ。

義家は確かに変わったのかもしれない。変わっていないのは社会が「クソッタレ」であるという認識である。そんな社会に正面からぶつかっていくか、あるいは社会の犠牲者に寄り添うのか。いずれにしても義家は、まず社会を否定するところから「闘い」をはじめようとしている。つまり、それこそが彼の「変わらなさ」なのである。

僕の持論はこうだ。人はしばしば変わることを口にする。しかし人が本当に変わることは難しい。いや、むしろこう言うべきか。「変われば変わるほど変わらない」。僕がしばしば引用するフランスの諺《ことわざ》だ。実のところ、これは僕の人間観のもっとも根本にある原理の一つである。

ただしこれを「しょせん人は変わりっこないんだから、がんばってみても仕方ない」という諦観《ていかん》と思われては困る。僕はこの言葉に、永劫《えいごう》回帰にも通ずる真理をみているのだと言えばおわかりいただけるだろうか。「人の変化」を肯定するためにこの言葉を用いているということは伝わるだろうか。この言葉にはまた、変化というものが、なんらかの恒常性や普遍性を担保にしなければ起こりえないという意味も含まれているのだ。

「熱」と反知性主義

閑話休題。義家のどこが変わったのかという問題だった。彼は確かに、どうしようもない不良から、一躍最も名の知られたカリスマ教師へ、さらに自民党の国会議員へと〝出世〟を遂げた。しかしおそらく、彼の根幹にある価値観は変わっていない。

さきほども述べたとおり、彼はしばしば「熱」を語る。教師は「光」になる必要はない、とも。光は必ず影を生み出す。しかし熱は影を作らない。だから熱なのだ、と。なかなか上手《うま》い言い回しだし、つい納得してしまいそうになる。輻射熱《ふくしゃねつ》は赤外線という光の一種だ、などと野暮は言うまい。

「震える心を温めるには、『熱』が必要なんだ。大人も子どもも。俺にはそう見える。そんな震える時代に、いちばん大切なのが『熱』なんだと思っています」(『君はひとりじゃない―ヤンキー先生の直球メッセージ』大和出版　参考4)

「大切なものに向かって『熱くなる』。あえていえば、それだけが、教育における共通のマニュアルであると僕は思う」（『ヤンボコ―母校北星余市を去るまで』）

こうして見ていくと「熱」とは「情熱」や「熱意」や「温もり」といった情緒的なものの総体のようでもある。「関係性を志向する情緒」とでも言おうか。この種の情緒志向は、高橋歩の著作はもとより、およそ僕がヤンキー的と感ずる人物にとっては、ほぼ例外なく重要なものであるようだ。

僕は前の章で、ヤンキーの美学にとって「アガる」こと、「気合を入れる」ことの重要性を強調しておいた。おそらく義家の言う「熱」は、その延長線上にある。だとすれば、やはり義家の価値観のおおもとは変わっていない。ただ「熱」の応用のしかたが変わっただけなのだ。

いうまでもなくヤンキーにも美学があり倫理がある。義家の提唱する行動原理には、ことごとくヤンキー的美学が反映されていることがわかる。以下、主立ったものをみていこう。

高橋歩においても顕著だった行動主義は、ここでも健在だ。行動主義が教育現場に移植されると、情緒的な体当たり主義とでも言うべき形式に変換されるのは当然と言えば当然のことなのだろう。

たとえば義家の教育観は、次のくだりなどに顕著に表れている。

「子どもたちに投げかける『教育方法論』という変化球は、いつも子どもたちを惑わせる。（中略）僕は心ある大人たちの直球によって救われた。何万回も、何十万回も、淡々と届けられ続けた直球だけが、心を閉ざした僕の中に、温もりや勇気を与えてくれた。

時代が複雑になればなるほど、子どもたちが多様化すればするほど、我々教育に携わるものは、原点に立ち返るべきであると僕は思う」

「心ある者たちが必死になって力を合わせ、裏切られても信じ、信じては裏切られ、それでも愛するが故に、大切に思うが故に、また信じていく。そんな不器用な歩みの先にしか、答えなどないのである。そんな繰り返しのずっと先にしか、変化なんていうものは起こらないのである」

「このまま進めば教育は『死ぬ』であろう。希望を示せない大人たちに失望し、学校という場所に失望した子どもたちは、自分たちの目の前にある安易な道をひたすら暴走するだろう。しかし、道を示せなかった大人たちは反面、そんな自分を責めることもないまま、暴走する子どもたちを徹底的に規制し糾弾する。大人たちの社会が脅かされるからである」（いずれも『ヤンキー母校に生きる』）

原点、直球、愛、信頼。いずれも文句の付けようがない言葉だし、僕もこうした主張に部分的には賛成だ。ただ、この種のプリミティブな情緒を重視する発想は、しばしば極端な反知性主義に走ってしまう危険性がある。たとえば義家は次のように述べてもいるのだ。

「教育は学問ではない。公式に則《のっと》ってさえいれば答えが出るなんていう単純なものではないし、熟考したからといって大切に思う者を導けるわけでもない」（『ヤンキー母校に生きる』）

反知性主義のまずい点は、「情を欠いた教育」批判が高じて、子どもに対する理論的・知的な理解を一切否認するところまで暴走してしまいかねない点である。案の定、さきの教育理論の否定にとどまらず、彼の批判はカウンセラーや医療にまでおよぶ。精神科医としてひきこもりの治療研究をしている僕などは、真っ先にやり玉に挙げられてしまうだろう。

「ＬＤ（学習障害）、ＡＤＨＤ（注意欠陥・多動性障害）、アスペルガー症候群（高機能自閉症）。僕が子どもだった頃には聞いたこともなかった病気（ママ）。しかし、現在はそんな診断を受けている子どもたちが多数いて、そんな子どもたちに対応するためのマニュアルが流布されている。傾向を理解することの大切さに疑いはない。しかし、そんな子どもたちを特別扱いすることによって、彼らは一体、どんな未来を手にするというのだろうか？　薬を処方することで安定させたとして、その先で彼らはどんな成長を勝ち得るというのだろうか？」（『ヤンボコ』）

彼の苛立ちは僕も部分的には理解できる。しかし、発達障害という診断と適切な療育方針によって救われた多くの子どもたちが現に存在する以上、これらの言葉はやはり根拠の乏しい情緒的批判と言わざるを得ない。

このほかにも、スクールカウンセラー批判や、向精神薬は「合法ドラッグ」といった批判に至るまで、ほとんど言いたい放題である。

また義家は、インターネットをはじめとするバーチャル・コミュニケーションに対しても批判的な立場を取っている。彼が警察庁（！）の「バーチャル社会のもたらす弊害から子どもを守る研究会」に名を連ねていた事実を見れば、それはあきらかだろう。ヤンキー的リアリズムは基本的に仮想現実とは相容《あいい》れないことが、このことからもはっきりする。

以上のような義家の態度は、しかし見方を変えれば筋が通ったものとも考えられる。理論や分析の視点は、体当たり主義にとっては障害物にしかならない。「熱」と「関係」を全面的に信ずる限り、理論など無用の長物でしかない。この立場はプリミティブであるがゆえにきわめて強く、ある種の普遍性すら帯びている。

しかしまた、その強さゆえに、この立場は社会への無理解や無関心にもつながっていく。さきにも述べたとおり、義家にとっての社会は常に「クソッタレ」なもの、辛《つら》く厳しいもの、という認識で止まってしまう。それゆえ変えるべきは個人であって、社会のほうではないということになる。こうした姿勢は、必然的には現状肯定の保守反動的立場に落ち着きがちだ。義家が自民党に籍を置き、日教組批判を繰り返すのは、この点から見ても筋が通ってはいる。やはり彼はいかなる立場にあっても、原点を忘れてはいないのだ。

実践知がもたらす矛盾

このように述べていくと、精神科医としての僕の立場と彼の立場とはまったく相容れないようにみえるかもしれない。しかし意外なことには、必ずしもそうとは限らない。彼の実践から生み出された言葉の中には、共感できるものも少なくないからだ。

「『学校』とは、集団の中で様々な試行錯誤を繰り返しながら、互いに互いを認め合い、そしてその中で自分の価値や未来を探していく場所である」（『ヤンキー母校に生きる』）

勉強ではなく価値と関係を学ぶ場所としての学校、という認識は僕もまったく同感である。あるいは勉強の価値。

「『なんのために勉強するのか』

俺は、明快な答えをもっています。いちばんの理由は、責任をもって自分の人生の選択をするためです」（『君はひとりじゃない』）

選択肢を増やすための勉強。義家は別の場所で、「自由」になるために規範や価値観を学ぶことの大切さを述べていたが、これについても異論はない。白紙の上に自由はなく、制約の上にこそ自由があると僕も考えているからだ。

僕がいちばん意外だったのは、義家自身がある精神科医から「ATスプリット」の理論を学び、その応用で教育を語ろうとしていたことだ。「ATスプリット」とは簡単に言えば、治療において、管理医（Administrator）と精神療法者（Therapist）の役割分担をきちんとする治療形態を指している。

具体的には医師が限界設定や行動制限、ルールやペナルティなど指示的な役割を担当し、カウンセラーは患者の心を受容し支える支持的役割をになう、という分担だ。義家はこれを父性と母性になぞらえ、さらにリミットセッティングとホールディングという言い方に翻案して、それは教育現場でも重要なことだと指摘する（『ヤンボコ』）。

治療の文脈で言えば「ATスプリット」の本質は、「分離」のほうにあり、ときには医師とカウンセラーは情報交換すらすべきでないという意見もあるため、義家の理解はやや単純化が過ぎるのだが、批判している精神医学からも学ぼうという姿勢には好感が持てる。

しかし残念ながら、僕にとっては好感度の高い以上のくだりこそ、「義家理論」において、もっとも矛盾を来している部分なのだ。「ATスプリット」の価値を認めた同じ本の中で義家は、教師とスクールカウンセラーによる分業体制を強く批判しているのだから。

つまりこういうことだ。義家の教育哲学は、現場での実践知と必ずしも一致するものではない。これは当然のことで、彼の哲学そのものは、教師になる以前のヤンキー時代にすでにつちかわれたものだったのだ。彼の反知性主義的傾向はその時代の名残なのである。

教師として現場で学んだ経験や知識が、彼自身の幼い哲学を超えてしまうのはむしろ当然のことなのだ。もちろん、そこには矛盾が生ずる。しかし「ATスプリット」が「父性と母性の大切さ」に翻案されてしまう一件からもわかるとおり、矛盾は危ういところで回避され、むしろ彼の哲学をいっそう強化する方向に活用されてしまう。

ヤンキー主義は開拓者精神か？

義家の本には、しばしば「夢」についてのフレーズが出てくる。

「夢は逃げていかない。自分が夢から逃げていくのだ」と。

奇《く》しくも、というべきか、このスローガンは前回引用した高橋歩の本のタイトル（『夢は逃げない。逃げるのはいつも自分だ。』）にそっくりである。時系列的に考えるなら、義家のほうが先ではあるが、さらに先行者がいるかもしれず、ここはむしろこの奇妙な偶然に対する関心を優先したい。

夢から逃げない、ということは、見方を変えれば、自らの無垢《むく》な欲望を全面的に肯定する、ということでもある。この無垢なる情動への絶対的信頼は、ヤンキー的リアリズムの根幹をなしているように思われる。

ヤンキーはきわめて現実主義的な発想をする反面、しきりに「夢」を語る。こうした、日常に根ざしたリアリズムと日常と乖離《かいり》したロマンティシズムの奇妙な混交振りは、前章でも指摘したヤンキーの女性性を連想させる。女性もまた、リアリストとロマンティストの両面をしばしばあわせ持っているからだ。

ちなみにヤンキー的な「夢」はしばしば世俗的な成功として語られがちだ。義家の場合で言えば、それはとりあえず「ロレックスの時計」「ポルシェ」「一戸建ての家」といった、かなりベタなものだった。

世俗的な夢が悪い、ということではない。ただ、彼らの無垢なる夢は、それが最初に胚胎《はいたい》した時点において、ある種の矛盾を抱え込んでいることは指摘しておこう。きわめて個人的なものであるはずの夢が、同時にきわめて世俗的な欲望に基づいているということ。彼らが「夢の大切さ」を語れば語るほど、それが社会における集合的な欲望を形成する共同幻想(たとえば「ヘテロセクシズム」)を強化してしまうということ。

前章で僕は、ヤンキー的リアリズムをアメリカ的な身体性との関係において検討した。簡単に言えば、アメリカ主義をあえて母性化し、その種の母性のもとで容認されるような無垢さの身振りこそがヤンキー主義ではないか、と指摘したのだ。父性としてのアメリカ主義に含まれているような開拓者精神やプロテスタンティズムは、ヤンキー的リアリズムにほとんど影響を及ぼしてはいない。そこには規範的な影響関係、すなわち父親―息子関係に該当するような関係性はほぼ存在しない。

しかし、あえてヤンキー主義を思想として眺めた時、影響関係はともかくとして、そこにアメリカ主義に通ずる要素がまったくないとは言い切れない。とりわけ、開拓者精神とヤンキー主義の類似と差異については、ここで立ち止まって検討しておく価値があるだろう。

いずれも権力の介入を嫌うという意味では自由主義的であり、おおむね自己責任の論理で貫かれている。ある種の禁欲性と世俗主義の奇妙な混合がみられ、単に行動主義的である以上に、前例がない困難に無手勝流で活路を見出《みいだ》していくという点では投企的な要素も多分にみられる。

ヤンキー的成功者の多くは、その過剰なまでの情熱と行動力をもって、なんらかの新分野において業績を上げていることが多い。注意しておきたいのは、その新分野なるものが、必ずしも真に革新的なものとは限らないという点である。別の言い方をすれば、新たな価値観を創造するのではなく、従来からある価値観を新たな手法で強化するのがヤンキー成功者の秘訣《ひけつ》、ということにもなろうか。

しかし、開拓者精神と比較する時、ヤンキー主義に決定的なまでに欠けている要素が少なくとも二つある。「個人主義」と「宗教的使命感」である。

ここではまず個人主義の欠如について検討してみよう。

高橋歩について言えば、彼は「家族の大切さ」を至上の価値として繰り返し述べていた。多かれ少なかれ、こうした家族主義はヤンキー成功者が共通して語るところである。少なくとも僕は、独身を貫いているヤンキー成功者を一人も思い浮かべることができない。

彼らは権力による介入と抑圧を忌み嫌う反面、家族による拘束には嬉々《きき》として甘んずる。ヤンキーにとっては友が、仲間が、そしてなにより守るべき家族が最も重要な存在なのだ。仲間も家族の延長線上と考えるなら、ヤンキー主義の根幹をなしているものが一種の家族主義であることには疑う余地がない。

暴走族が集団内部での序列に忠実に従うことを考え合わせるなら、彼らの家族主義が儒教文化的価値観に由来している可能性についても検討しておく必要があるだろう。例えば儒教における最重要のプリンシパルである「孝」についてはどうか。もちろん親を尊敬するヤンキーも少なくないし、母への思慕はむしろ定番だ。しかし、それにもまして親を憎悪する者も多いことを考えると、彼らが常に「孝」を重視しているとはとても言えない。

加えて彼らの家族主義は、両親以上に配偶者やわが子へと向けられがちだ。そこにはいわば〝血縁よりも絆《きずな》〟といった価値観がみてとれる。先祖や両親といった血縁関係に基づく序列よりも、自分と「夢」を共有し、苦労をともにしながらそれを育《はぐく》んできた妻ないし夫との「絆」と、その象徴であるわが子のほうが、圧倒的に重視されるということ。

ましてもう一つのプリンシパルであるところの「忠」に関してはさらに微妙だ。ヤンキー集団もタテ社会なので、帰属する場所での序列はきちんと遵守される。しかし、どの集団、どの共同体に帰属するかという点に関しては、本人の選択次第だ。ここにも血縁や伝統、あるいは共同体的規範は関係ない。

自由主義と集団主義

こうしてみると、ヤンキー主義は自由主義と集団主義（家族主義を含む）の奇妙な折衷のもとで成立しているようにみえる。具体的には、帰属する集団の選択に際しては自由主義的にふるまい、ひとたび集団が選択されて以降は集団主義が優位になる、ということだ。

ここまで考えを進めてみて、謎が一つ解けた。なぜヤンキーにおいては、「反体制」と「保守反動」の両立がしばしばみられるのか、という謎である。

この問題についても、義家弘介は格好のサンプルを提供してくれる。

彼はかつて共産党に所属していたが、現在は自民党に所属しつつ日教組批判の急先《きゅうせん》鋒《ぽう》となっている。あるいは学校現場における「日の丸、君が代」の強制についても、かつては批判的だったにもかかわらず、政府の委員に就任して以降は（国旗掲揚、国歌斉唱を定めた）学習指導要領に従うのは当然だと、百八十度発言が変わっている。この変節について、彼自身は「（批判は）北星学園余市高校の組合に言わされていた」と釈明しているようだ（「文藝春秋」二〇〇七年三月号）。この言い訳が事実だとしたら、いささか情けない話ではあるが、それについては今は措《お》こう。

反体制的だったヤンキーが、功成り名遂げてからは保守反動的に振る舞うこと。主張としては「変節」なのだが、これはヤンキー主義的な生き方が必然的に辿《たど》る道なのだ。自らの居場所を探し求める時、義家はあらゆる体制からの抑圧に反発しながら、自由主義的に暴れ回る。彼はおのれの「夢」、たとえば「子どもたちの幸福」を追求すべく、それにふさわしい居場所を探す。

最初は北星学園余市高校という「現場」だった。次は横浜《よこはま》市教育委員会。そして現在は「参議院議員」が彼の居場所だ。彼はいつでも、自らの帰属する居場所の規範に忠実だった。なぜならその場所は、彼が自ら選んだものだったから。そう、居場所の選択における自由主義優位と、選択後の集団主義優位という形式は、ここでも見事なまでに一貫している。

義家の世俗的成功譚《たん》は、以前ヤンキー度判定基準として僕が発案した「本宮ひろ志テスト」においても文句なしに満点を獲得するだろう。ついでに言えば、ここにはヤンキー主義と膨張主義の親和性もみてとれる。

本宮の描く「番長」の夢が、グループ間の抗争から「全国制覇」へと膨張していったように、義家の夢もシステマティックに拡大していく。「目の前の子どもの幸福」から、「より多くの子どもの幸福」へ。その夢の実現には、現場にとどまっていては効率が悪い。政治家として教育システムの中枢に食い込むことが、義家番長の「全国制覇」だったのだ。

ヤンキー的リアリズムの勝利パターンの一つが、ここで明らかになった。しかしそれは、この奇妙な「思想」の、まだほんの表層にすぎない。

実はヤンキー主義は、教育現場以上に、支援・矯正の現場において大きな影響力を持っている。その代表格は、ひきこもりの〝支援〟活動で名を上げた「長田百合子《おさだゆりこ》」と、ヨットスクールで悪名高い「戸塚宏《とつかひろし》」だ。相互にまったく影響関係がないはずの義家、長田、戸塚の教育理念には、共通する部分が極めて多い。次章ではその検討を通じて、さらに「ヤンキー的リアリズム」を掘り下げてみよう。

参考1『ヤンキー母校に生きる』　著者である「ヤンキー先生」が、母校である北海道の北星学園余市高等学校に赴任してから最初の卒業生を送り出すまでの四年間を綴《つづ》った記録。『不良少年の夢』に続く著者の第二作。二〇〇三年発表。

参考2『不良少年の夢—ヤンキー先生の熱き挑戦』　著者の第一作。二〇〇三年五月発表。〇五年には松山《まつやま》ケンイチ主演で映画化、同年、テレビドラマ化もされた。

参考3『ヤンボコ—母校北星余市を去るまで』　母校・北星学園余市高校で「生活指導部長」も務めていた一年間の記録と、その職を辞して、その後、横浜市教育委員に就任するまでの著者の心情を綴った一冊。二〇〇五年発表。

参考4『君はひとりじゃない—ヤンキー先生の直球メッセージ』　悩める若い世代に向けた著者からのメッセージ集。構成は「1時限目　友だちのこと—イジメは、ぜったい許さない！」「2時限目　勉強のこと—『学ぶ』意味をいっしょに考えよう」など時間割の形式。二〇〇五年発表。

第八章　「金八」問題とひきこもり支援

「金八」問題について

前章で、僕は教育者・義家弘介の「思想」に今なお一貫して脈打っている「ヤンキー的リアリズム」について検討した。

この種のリアリズムを構成する要素のうちもっとも重要なものは体当たり的な行動主義だ。それはしばしば、過度に情緒的であるがゆえに反知性主義と結びついて、いっそう無鉄砲な行動に向かわせがちである。彼らは――ある種のタテマエとしてかもしれないが――ことさらに理論や検討を軽視する。あるいは軽視というパフォーマンスをこれ見よがしにしてみせる。

大切に扱われるのは、原点、直球、愛、信頼といった言葉だ。いずれも文句の付けようがない。というか、文句を付けると叩《たた》かれるか、文句を言いつのる自分自身が穢《けが》れているような気がしてくるようなたぐいの言葉ではある。愛と信頼で生徒と向かい合う、という教師のアツい姿勢を、いったい誰が否定できるだろう。

ここまで来ればおわかりの通り、義家の姿勢はそのまま人気テレビドラマ「3年B組金八先生」（参考1）に、まっしぐらにつながっている。

日本における「理想的教師のイメージ」を形成する上できわめて大きな影響力をもっていたこの番組は、僕が言うところのヤンキー的リアリズムの形成と深い関わりを持っている。

二〇一一年三月二十七日の放送をもって三十二年間の歴史に幕を下ろしたこの名物番組は、熱血教師の代名詞として、日本人なら知らぬ者とてないだろう。原作を担当した小山内美江子《おさないみえこ》の着眼点の良さに加えて、武田鉄矢《たけだてつや》という良くも悪くも〝熱い〟役者にとっては一世一代の当たり役となった。ちょうど番組のはじまった一九七〇年代後半は、日本の思春期が大きく変わりはじめた時期でもある。

その後もこの番組は、いじめ、中学生の妊娠、虐待、薬物中毒、ひきこもり、性同一性障害といった目新しいトピックをちりばめつつ、そのつど金八先生が体当たりで〝解決〟する、という構成を変えなかった。

武田鉄矢という俳優もまた、坂本龍馬フリークであるということからも一目瞭然《りょうぜん》であるように、ヤンキー的リアリズムの体現者である。しかし、この話題については今は措《お》くとしよう。金八先生の方法論もまた、ヤンキー先生同様、基本的には体当たり主義である。その原点にあるのは、生徒に対する直球の愛であり信頼だ。しかし、皮肉な見方をすれば、いかなる問題も愛と信頼によって解決できるというファンタジー作品でもあり、ここにも反知性主義の香りが濃厚に漂っている。

これは海外の教師ものと比較してみるとすぐわかる。有名なところでは『いまを生きる』『陽のあたる教室』『コーラス』などがある。いずれの作品にも厳格な管理教育に対する批判があり、人間くさい教師と生徒たちの心温まる交流が描かれている。ここまでは、「金八先生」と変わらない。

しかし重要な違いは、生徒の向上をうながすものが、単なる教師との信頼関係のみならず、「詩」や「演劇」、あるいは「音楽」といった知的営為なのだ、という主張がなされている点だ。その背景にあるのは、自由で自立した個人であるためには、何らかの知的スキルの向上が不可欠であるという信念ないし常識である。おそらくこれこそが、わが国における「熱血教師もの」に欠けている視点ではないか。

金八批判の困難

もっとも、日本においても〝アンチ金八〟的作品は少数ながら存在する。

一九九二年に製作された、平山秀幸《ひらやまひでゆき》監督作『ザ・中学教師』（参考2）という映画がそれだ。物語の舞台が「桜中学」であることや、露骨に金八的な美術教師を「敵役《かたき》」に配するあたりから、いきなり批判のトーンが全開である。本作では学校を、教師が教師を、生徒が生徒を演ずる舞台と考え、生徒を適切に管理することこそが教師の務めと考える主人公・三上《みかみ》の生き方をハードボイルド・タッチで描く。もっとも、その描写は必ずしも後味が良いものではないし、本作の主張にも僕は八割くらいしか同意できない。しかし、もし自分が教師になるとしたら、断然こちらのスタイルを選ぶだろう。

しかし最近になって、フィクションに描かれる教師像はさらなる洗練を遂げている。武富健治《たけとみけんじ》の漫画『鈴木先生』(参考3)がそれだ。ここに描かれる教師は『ザ・中学教師』に比べれば、はるかに熱血漢であり、生徒に対してもフレンドリーだ。しかし同時に、彼はきわめて辣腕《らつわん》の戦略家でもある。体当たり教育や管理教育の限界をふまえ、心理主義の陥りがちな陥穽《かんせい》もきっちりと回避しながら生徒を導く。

しかし同時に、彼はどんなときでも公私の時間配分をきっちり取ろうとする。生徒とのドラマのほとんどは、勤務時間内に起こっており、「家出した生徒を夜を徹して捜索」とか「勤務時間外に生徒の自宅で不登校生徒を説得」といった、金八的な公私混同の描写は慎重に避けられている。物語の前半、終業後の恋人とのデートが繰り返し描かれるのも、「教師にとってプライベートの充実がいかに重要か」をあえて強調するかのようだ。僕には「鈴木先生」こそが、真の意味でポスト金八の時代における〝理想の教師像〟にも見える。

ちなみに本作は、二〇一一年四月からテレビ東京系で長谷川博己《はせがわひろき》主演でドラマ化された。残念ながら、ドラマの視聴率は芳しくなかったようだ。批評家受けはきわめてよく、ドラマはギャラクシー賞月間賞と日本民間放送連盟賞テレビドラマ番組部門最優秀賞を受賞したのだが、人々はいまだ「金八的」ならざる教師像を受け入れる準備が出来ていなかったようだ。

ところで、『鈴木先生』が果たして真の意味で「教師漫画」なのかと言えば、疑問がないわけではない。本作は「教える・学ぶ」という関係性がいかなる可能性をはらみうるかを、中学教師ものという形式を借りて表現しているだけなのではないか。だからこそ本作には、「現実にはありえないリアリティ」がある。その意味では二〇一〇年に公開されて話題になった映画『告白』とも通ずる印象がある。ちなみに『告白』は原作、映画ともに大ヒットした作品だが、少なくとも「教師もの」として認識されてはいない。

残念ながら、『ザ・中学教師』にしても『鈴木先生』にしても、「金八先生」のような大衆的な人気を博することは決してないだろう。いずれもヤンキー的な反知性主義とは意識的に決別しようとした作品たちであるからだ。かくしてヒットするのは「GTO」や「ごくせん」といった、むしろヤンキー性をいっそう前面化した「金八先生」の亜流のみ、ということになる。

ここで断っておくが、このように書いたからといって、僕がこれらの作品をことごとく嫌っている、というわけではない。まずなによりも、芸能界のヤンキー性を容赦なく指摘して見せたナンシー関が、「金八先生」第二シリーズ第二十四回「卒業式前の暴力」の演出に感動の涙を流していたという事実がある。

僕はたまたま高校時代に、テレビのない下宿生活を送っていたこともあって、幸か不幸か「金八先生」とはほとんど接点がなかった。しかし当時、この番組が教師志望者をいかに増やしたかについては実感的な記憶があるし、たまたま友人宅で観たこの目新しいテレビドラマが、それなりにリアルでほどよく感動的だったという記憶はある。漫画としての「GTO」や「ごくせん」も、決して嫌いというわけではない。

ヤンキー的支援の限界

前章でもう一点、僕がヤンキー的リアリズムの特徴として指摘したことがあった。それは、自由主義と集団主義（家族主義を含む）の奇妙な折衷である。義家弘介の「転向」に見て取れるのは、帰属する集団の選択に際しては自由主義的にふるまい、ひとたび集団が選択されて以降は集団主義が優位になる、という身振りだった。この融通無碍《むげ》さは、ヤンキー的リアリズムにおいては、すくなくとも理念的な一貫性が求められているわけではないことを示している。

こうしたリアリズムがもっとも幅を利かせているのは、実は教育現場だけではない。若者の支援・矯正の現場においても、ヤンキー的リアリズムは大きな影響力を持っている。僕はその代表格として、ひきこもりの〝支援〟で名を上げた「長田百合子」と、ヨットスクールで悪名高い「戸塚宏」の二人の名前を挙げておいた。

彼らが不登校やひきこもり「支援」という名目で、どのような活動をしてきたか。僕も「ひきこもり」を専門とする精神科医だけに、この件については、いささか感情的、批判的なトーンになってしまうかもしれない。少々冷静さを欠いた筆致になってしまうであろうことを、予《あらかじ》めご容赦願いたい。

ところで、最初に取り上げるのは、「長田百合子」でも「戸塚宏」でもない。同じ愛知《あいち》県の施設ではあるが、ひきこもりの若者の「支援」施設として知られていた「アイ・メンタルスクール」で、二〇〇六年四月に起きた事件の話からはじめよう。

これは、同スクールに入所中だった二十六歳の男性が死亡した事件である。愛知県警はスクールの責任者である杉浦昌子《すぎうらしようこ》容疑者ほか、スタッフや入所者計七人を逮捕監禁致死容疑で逮捕した。ここに至るあらましは次の通りだ。

杉浦容疑者らは、同年四月の早朝に、東京《とうきよう》都世田谷《せたがや》区の男性宅を事前の予告も承諾もなしに訪問した。複数のスタッフが抵抗する男性を力ずくで拘束して手錠をかけ、車に拉致《らち》した上でさらに暴行を加え、名古屋《なごや》市にある同施設に入所させた。その後も

「暴れる」「うるさい」といった理由から男性の体を鎖で柱にくくりつけて監禁を続けた。このため男性は、外傷性ショックと衰弱によって死に至ったのである。

実は杉浦容疑者は、長田百合子の妹にあたり、九一年までは学習塾を共同経営していた関係にある。その後、意見の相違からこの関係は解消され、姉妹はそれぞれ別個に「支援」活動を継続していた。しかし彼女たちの手法を見るかぎり、いったいどこで意見の対立が生じ得たのかと疑問に思うほど、二人の〝方法論〟は良く似ている。

彼女らの〝方法論〟とは、簡単に言えば、ひきこもりや家庭内暴力などの問題を抱えた青少年を家族の依頼のもとに〝拉致〟し、監禁まがいの手法を用いて「支援施設」での作業などに従事させ、そうした過酷（リアル）な体験を経ることで、青少年が「更生」することを期待する、というものだ。言うまでもなく、合法的な手段ではない。

ならば杉浦の姉である長田百合子は、どのような「支援」活動を展開していたか。彼女は名古屋市内の「メンタルケア」施設、「長田塾」（有限会社塾教育学院）を主宰しつつ、「ひきこもり」の問題をわずか二時間で解決すると豪語し、ひところはひんぱんにテレビにも登場していた。実は僕も一度だけ、あるひきこもり当事者とともに、某テレビ番組で彼女と対話したことがある。予想されたとおり、対話は完全なすれ違いだった。

二〇〇五年七月、彼女と塾スタッフによって暴力的な処遇とプライバシーを侵害されたとして、十九歳の男性（以下、Aさんとする）が損害賠償を求める訴えを名古屋地裁に提起した（奥地圭子「不登校の歴史 第三四九回」二〇一三年七月十九日付「不登校新聞」Web版 http://futoko.publishers.fm/article/13/）。

訴状によるとAさんは、不登校から一時ひきこもりの状態になっていた。十五歳だった二〇〇一年八月、母親から依頼を受けた長田氏が、男性スタッフとNHKテレビの記者やカメラマンを伴って、同意もなしに部屋に押し入ってきた。長田氏はAさんに塾への入寮を迫り、さらに男性スタッフがコーヒーの缶を握りつぶしてAさんを威嚇し、強制的に入寮を同意させて連行した。

この修羅場はその後、Aさんの許諾なしにNHKのテレビ番組で実名入りで報道されることになる。Aさんはその後も寮から逃げようと試みたが連れ戻され、約一ヶ月半アパートに軟禁された。息子の所在も知らされず不安になった母親が、弁護士を通じて長田氏と交渉し、ようやく自宅に連れ戻した。しかしAさんは、帰宅してからも近所の目が気になり、長田氏に入寮を依頼した母親への怒りで苦しめられた。Aさんはその後自活したが、同じ被害がくり返されないために、今回の提訴に踏み切ったという。

ちなみに、この裁判には二〇〇六年十二月に名古屋地裁で判決が言い渡されている。

それは簡単に言えば、長田塾の行為は違法性が高かったかもしれない、でももう時効だから損害賠償は請求できません、という奇怪なものだった。しかし二〇〇七年九月の控訴審判決において、名古屋高裁は長田らの行為の違法性を改めて認定し、一審判決を変更して長田側に百万円の賠償を命じている。

ヤンキー的支援を歓迎する「世間」

芹沢俊介《せりざわしゅんすけ》編『引きこもり狩り――アイ・メンタルスクール寮生死亡事件／長田塾裁判』（雲母書房　参考4）という本がある。この本は長田、杉浦姉妹の数少ない批判書としてさまざまに生々しい証言が掲載されているため、以後しばらくは本書に基づいて彼女たちの手法について見てみたい。

ちなみに本書には僕の名前も何度も出てくるが、これはひきこもりの「引き出し屋」に理論的正当性を与えた悪の精神科医として、である。僕自身は、この種の初歩的な誤解については微笑とともに受け流す作法がすでに身に付いているので、それはそれとして参照を続けよう。

まずは、杉浦らによる拉致監禁のシーン。なぜか杉浦自身がスタッフに指示して撮影させたビデオがあり、そこにはこんなシーンが展開されていたらしい。

「名古屋からさほど遠くないある地方都市の深夜のコンビニの前で、自転車で買い物に出かけてきた若者を、アイ・メンタルスクールのスタッフが数人で取り囲み、何やら説得を試みていました。『こんな生活をしていても仕方ないわよ。この先どうするの』と、数人の女性の声がビデオの中に録音されていました。しばらくして、『ほっといてくれ』と少し怒りを込めた若者の声。怒号のなかでもみ合いとなった末、若者は屈強な二人の男に押さえ込まれていました。ガードレールの下で腹ばいに押さえつけられ、『病院に行くか？　それとも名古屋に行くか？　どうするんだ！』と迫られつつも、若者は必死に抵抗しています。その時、杉浦昌子氏がトランクから拘束具を取り出して二人の男性に渡し、若者を拘束した後にかけ声と共に車の中に押し込みました」（山田《やまだ》孝明《たかあき》「予期された事件」前掲書）。

二〇〇〇年代前半は、この種の映像が、とりたてて報ずることもない夕方のニュース番組の埋め草として、かなり頻繁に放映されていた。僕が不可解なのは、ここでなされていることが非合法性という点で言えば、北朝鮮の工作員による日本人拉致となんら変わりないにもかかわらず、事件が起こるまではほとんど批判の声が上がらなかったという事実である。

当時のマスコミは、彼女の異常な「ケアの現場」を美談仕立てで繰り返し見世物にしてきた。その意味ではマスコミも〝共犯〟である。せめてAさんの裁判の経緯くらいはきちんと報道するべきだと思うのだが、僕が知る限り、その種の報道はほとんどなかった。美味《おい》しいネタを提供し続けてくれた長田氏への義理立てなのかもしれないが、その真相はわからない。

もっとも、マスコミは世間の空気と一体だ。つまり世間の人々は、長田の「支援」活動を、なんの疑問も持たずに受け入れ、しばしば共感し、長田氏にエールを送りすらしていたのだ。世間はこれほどまでに「ひきこもり」を、あるいはニートを憎んでいたのである。

さらに言えば、「世間」のみならず、時には識者までもがこの種の事件にはかなり同情的な態度を取りがちだ。起きたことはまがうかたなき犯罪なのだが、それでも人々は、どうしようもない困った「子ども」(被害者はもちろん成人である)を救うために仕方なくやったことであるとみなしたがる。杉浦容疑者らの活動が、千人以上もの若者の自立を促してきたこと(事実かどうかは知らない)を挙げて、全否定するのは気の毒という同情論もある。しかし、本当にそうだろうか。

彼女たちが基本的には善意と正義感からこの種の活動を続けてきたという点については、僕も疑わない。しかし残念ながら、善意も正義感も、その活動の正当性をなんら裏付けるものではない。彼女たちの言動には、専門家ですらまともに対応できない問題を、自ら手を汚してでも引き受けるのだという、いわばアウトロー的正義感がかいま見える。「私がやらなければ誰がやる」というわけだ。

この姉妹の「使命感」や「正義感」には、一種のルサンチマンすらかいま見える。杉浦については不明だが、長田百合子は著書で自らのいじめられ体験を克明に記している。この種の体験はしばしばＰＴＳＤをもたらすほか、被害者をひどく攻撃的な人間にしてしまう場合があることを付け加えておこう。

世間にとって、ひきこもりやニートという存在は、あきらかに「絶対悪」なのである。労働や納税の義務を放棄し、自分の権利だけを主張しながら社会のインフラに平気で〝ただ乗り〟する連中、という意味で。もちろんそれは単純な誤解なのだが、この問題に中途半端な関心しか持っていない人々にとっては、いまだにリアルなイメージなのだ。

そうした世間からしてみると、「だらしない子どもを殴ってでも更生させたい」という彼女たちの言い分は、いかにもまっとうな正論に響くだろう。しかし僕は、それが正義であるかどうかとは無関係に、他者の自由を奪ったり攻撃を加えたりする立場に立つ人間の資格は常に懐疑にさらされなければならないと考えているし、さらに言えば、その種の立場を「個人」が担うことはきわめて危険であると考えている。

なぜ「危険」なのか。長田・杉浦姉妹、あるいは同様の「支援」手段をとっているすべての機関に共通するのは、彼らがはっきりと「正しい理由のもとで、暴力的に他者の自由を奪う」行為を「楽しんで」いることだ。そう、「正しい暴力」は楽しい。

僕はその「楽しさ」をわがこととして理解できる。理解できるからこそ自らに「禁欲」を課している。そもそもそれが快楽でないのなら、「勧善懲悪もの」が、なぜこれほど普遍的な人気を集めるのか説明ができなくなる。

ついでに付け加えておけば、ひきこもりや家庭内暴力に関しては、専門家が助けてくれないとか拉致《らち》監禁以外に手段がないという判断は、あきらかに間違いである。いずれも僕の本（『社会的ひきこもり』ＰＨＰ新書、など）を読んでいただければわかると思うが、非常にやっかいな家庭内暴力にしても、「通報」や「避難」といったパフォーマンスをうまく組み合わせることで、解決は十分に可能だ。「こっちも好きで暴力を振るっているわけではない」というのなら、せめて穏便な手法の効果を十分に確かめてから、よりハードな手段へと移行する程度の配慮があるべきなのだ。

もっとも、僕自身は、治療や支援の現場でなされる、いかなる暴力ないし強制に対しても批判的である。これは単なるきれい事ではない。僕は精神科指定医として、ある程度以上重症な精神病の患者さんに対しては、強制的な入院や保護室への隔離を指示できる立場にある。必要に迫られてそうした強制的処置に踏み切ることも日常的にある。

そうした経験をふまえた上で、いかにその種の強制や暴力を最小限度に留《とど》められるかを自問自答してきた。とりわけ「当事者の自尊心を最後まで尊重する」という姿勢をいかに維持できるかを考えてきた。この問題は「しかたがない」「必要悪」といった発想だけで片がつくものではない。おそらく僕は、これからも悩み続けるだろうが、まともな答えが出るのは、かなり先のことになりそうだ。

「長田理論」の「特徴」

長田百合子は、かなり多くの著書も出しており、メディアで積極的に発言もしている。そうした発言を拾っていけば、あのような暴力的「支援」をするに至った彼女の「哲学」が、もう少しクリアにみえてくるかもしれない。

「今の親は、昔の親以上にしっかりしなくてはいけなくなりました。なぜなら、親の子育ての限界を補ってくれていた〝社会〟が支援してくれなくなったからです。うちの子は病気だの、権利があるだのと、医学や法律を盾にするようになったので、学校の先生をはじめとする社会の大人たちが口を出せなくなってしまったのです」

「社会は結局のところ『食うか食われるか』の世界です。子供が思っているほど社会は甘くありません。権利だの自由だのと主張してわが子を守り続けたって、親が亡くなれば子供は独りで生きていかねばなりません。だからこそ、親が一緒にいられるうちに、悪いことは悪いんだと毅然《きぜん》とした態度で叱って教え、社会に十分に適応できる子供にしておく必要があるのです。ずうっと守ってあげることなんてできないから、若いうちに親から離して独りで生きることを覚えさせる必要があるのです」

「もう黙ってなんかいられません。親なら親らしく、子供の前で堂々として頼もしい親でいてやってください。子育てなんて下手でいいじゃないですか。親だって失敗したっていいのですよ。余分な肩の力を抜いて、ありのままの自分になって、よーく考えてみてください。あなたには、あなたにしかない良いところが必ずあるのですよ」

（長田百合子『親なら親らしく！』新潮文庫あとがき　参考5）

ごく短いこの文章だけをとりあげても、論旨の混乱があるように感ずるのは、僕の心が穢《けが》れているせいだろうか？　しかし果たして、社会がおかしいのか適応できない個人がおかしいのか、親はあるがままでいいのか毅然として子供を正しくしつけるべきなのか、どちらともとれるところがあって主張に一貫性がないようにみえるのも事実だ。あえて好意的に解釈するなら、短い文章でアメ（あるがままでいいのよ）とムチ（親らしく毅然としろ！）をやろうとして失敗した、ともとれる。おそらく面談のやりとりでは、この使い分けはもっと巧妙になされ、不安な親の心に揺さぶりをかけているのだろう。はからずもここに、長田流の方法論の一端が滲《にじ》み出している。

言うまでもなく、長田自身も強い反知性主義的傾向を持っている。どの本を読んでいても必ず「私は学者ではないので」とか「こんなことを言うと学者は怒るだろうが」といった断り書きが繰り返されている。そんな長田自身の自己規定はこんな具合だ。

「わたしは、いままで自分のことを『教育の土木建築会社経営』と表現してきました。わたし流で本社と支社は飯場（現場近くに設けられた労働者の宿泊所）。メンタルケアの家庭という現場は『土場（床を張らないで地面のまま利用するところ）』などといって、ひとを笑わせてきたものでしたが、このスタンスに恥ずかしい気持ちなど一度も感じたことはありません」（『親がかわれば、子どももかわる―イジメ・不登校・ひきこもりの現場から』講談社　参考6）

「たたき上げ」のアウトローたる気概が表れた一文とも取れるが、こうした主張が多くの人々に歓迎されるであろうことはたやすく想像がつく。とりわけ正規の治療・相談機関にあきたらない多くの親たちにとって、この種の現場主義を語る彼女は、ほとんど救世主に見えたことだろう。「中央」から発言するよりも、そこから外れた周縁的存在として言葉を発するほうが、人々の耳目をかき立てる上ではるかに有効であることが多い。それは僕自身にも覚えがあることだ。

ところで、長田理論というものがもしあるとすれば、それは彼女のいわゆる「メンタルケア」の「四つの特徴」がそれにあたるだろう。ここにも彼女のヤンキー的リアリズムが如実に表れているので、簡単に紹介しておく（『子供なんかにナメられたらアカン！』毎日新聞社　参考7）。

「特徴1　家庭や社会で共に行動する現場主義」

「特徴2　過去の話はほぼしない」

「特徴3　問題から立ち直った子どもの協力を得る」

「特徴4　一人一人に合った解決法を考える」

　とりわけ「特徴4」に関連して、彼女なりの反知性主義の具体的な展開がなされている。心理学者や精神科医が「いかにも言いそうなこと」に、彼女は次のように反駁《はんばく》するのだ。

「好きなようにさせてあげなさい？　でも、子供は家の中で決して好きなようにしているのではなく、苦しんでいるのです。／ゆっくり見守ってあげなさい？　でも、何年も苦しんでいる子供を『見守る』とはどういうことでしょう。そういうのは、見て見ない振りをする、目を反らす、というのです。／すべてを受け入れてあげなさい？でも、栄えある未来は受け入れても、悪い事まで受け入れる必要など一切ありません。子供が大事だからこそ、社会では決して通用しないと思われる問題点を叱って直してやるべきなのです。／刺激しては駄目？　でも、何もしないで放っておけば、心身の健康は崩れ、問題は深刻になるばかりです。ひきこもりは、こういった指導の下で山のように増えてしまいました」

　この「特徴4」に関していえば、僕にも大した異論はない。治療や支援はオーダーメイドが理想、それはわかる。そのうえで、ケースや時期によっては「見守り」や「受容」が必要なこともあるだろうから、それらを全否定してしまう対応もまた画一的になるのではないか？　という疑問はあるのだが。むろん彼女の言いたいことは理解できる。「現場のことを知ろうともしない専門家とやらの紋切り型にはウンザリだ！」ということだろう。

彼女の実践が本当にこの通りだったのであれば、それはそれで結構なことだとすら思う。ただ、伝え聞く話では、個別の対応は必ずしもそれほど誠実でも丁寧でもなかったという噂もあるし、そもそもこの通りの実践がなされていたのなら訴訟沙汰《ざた》などにはならなかったのではないか。それともこうした「後出しジャンケン」は、彼女には酷な判断だろうか。

ヤンキー文化と「母性」の問題

ここまで書いておいて今更かも知れないが、この章での僕の目的は、あらためて長田・杉浦姉妹を糾弾することではない。彼女たちはすでに相当の社会的制裁を受けているし、僕自身、批判や糾弾ならほかの場所でもう済ませてある。ここで僕が指摘しておきたいのは、彼女たちの「支援の論理」において、ヤンキー文化の顕著な特徴の一つである「母性」がいっそうはっきりと読み取れるのではないか、ということなのだ。

なかば自戒を込めて、結論から言おう。実は「ひきこもりをほうっておけない」という態度が、すでに母性的なものなのである。

たとえば長田のような態度を、精神分析で言うところの「ファリック・マザー（ペニスを持つ母親）」と評すべきではないのか、という意見もあろう。たしかに、駄目な親を時には恫喝《どうかつ》し、あるいは親をそそのかして暴力的手段にすら訴える彼女の姿勢を「父性的」とみる視点もあり得る。というか、そちらのほうが一般的な見方に近いだろう。しかし僕に言わせれば、母親という存在もまた、母親に固有なあり方で、十二分に暴力的存在なのである。

〝父性的〟に「ひきこもり」と向き合うには、どうすればいいのだろうか。答えは簡単である。彼らが社会に積極的に害をなす存在ではない以上、対応は放置でよい。かまいたい家族は好きにすればいいし、なんとかしてくれと言うのなら家から放り出せばよい。極論とお思いだろうか？　しかし家族主義の強いイタリア、スペインはともかくとして、個人主義的なアメリカやイギリスの家庭では、そうした姿勢が一般的だ。彼らは一様に尋ねる。「なぜ親たちはそんな子供を家から蹴《け》り出す（kick out）ことをしないのか？」と。また、だからこそ彼《か》の国では、あれほど若いホームレスが多いのだ。ことの当否はともかくとして、要するにこれが、「ひきこもり」に対する父性的処遇というものである。

すでにおわかりの通り、彼らのあまり希望があるとは言えない未来を見越した上で「ほうっておけない」「わたしが何とかしてあげる」という態度、これこそが母性にほかならない。これを「たとえ殴ってでもほうっておかない」と言い換えれば、それがいかに義家弘介から長田百合子に至るまで一貫した態度であるかが理解されるだろう。

簡単に整理しておこう。父性的暴力は、理詰めで相手を屈服させ、征服し、所有し尽くすための「切断的暴力」である。わかりにくいかもしれないが、ここには「一切の関係を切断する」という暴力も含まれる。それは「関係しない」ための理屈で状況を支配するために振るわれるからだ。

この種の暴力をひきこもりに振るうとすれば、それは「ひきこもりなど知るか」「一律にひきこもり税を取り立てるべき」「ひきこもりは犯罪として処罰すべき」といった態度につながるだろう。さらに言えば「ひきこもりはなぜ素晴らしいか」を理論的に根拠づけようとする態度も、「素晴らしいのだから好きにさせるべき」という姿勢につながるという意味では父性的暴力であり、父性的切断でもある。

いっぽう母性的暴力は、常に相手と「関係」するために振るわれる。長田百合子の「メンタルケア」の四つの特徴を思い出そう。「過去の話をしない」ということを「今この場での関わりに集中する」と言い換えるなら、四つの特徴すべてが「関係」に絡んでくる。

現場主義、行動主義、「いまここ」主義、個別主義、家族主義、そしてすべてを貫く「愛と信頼」主義。彼らが一様に言うところの「行動してみなければわからない」という言葉は「関係してみなければわからない」と言い換えられるし、さらには「関係しさえすれば何とかなる」という素朴な信念は、すでに反知性主義の芽をはらんでいる。当たり前だが、彼らは決して知的水準に問題があるわけではない。しかし、知性よりも感情を、所有よりも関係を、理論よりも現場を、分析よりも行動を重んずるという共通の特徴ゆえに、知性への決定的な不信から抜け出すことができないのだ。

僕はかつて、母と娘の関係分析を通じて、母性的な支配が男性的支配に比べて、いかに複雑で逃れようがないものかを分析したことがある(『母は娘の人生を支配する』NHK出版)。

母性的支配の特徴として僕が考えたのは、それが身体の支配を通じてなされること、とりわけ「同一化」が支配の鍵《かぎ》をにぎること、反抗が反抗するもの自身を否定してしまうような身振りに近づいてしまうこと、支配はしばしば「献身」や「奉仕」という形式でなされること、などだった。

こうした特徴はことごとく、ヤンキー的な教育や支援の現場に見て取れるものである。だとすれば、やはりヤンキー文化の根底にはなんらかの「母性」が存在する。そうだとすれば、「世間」とヤンキー文化の高い親和性は、こうした「母性」によって媒介されているのではなかったか？　次章では、この点について検討してみよう。

参考1　『3年B組金八先生　第1シリーズ』一九七九年十月から八〇年三月に放送。全二十三話／出演：武田鉄矢、上條恒彦《かみじょうつねひこ》、田原俊彦《たはらとしひこ》、野村義男《のむらよしお》、倍賞美津子《ばいしょうみつこ》、財津一郎《ざいついちろう》、鶴見辰吾《つるみしんご》、名取裕子《なとりゆうこ》、吉行和子《よしゆきかずこ》、赤木春恵《あかぎはるえ》、近藤真彦《こんどうまさひこ》ほか。

参考2　『ザ・中学教師』『マリアの胃袋』の平山秀幸監督、『宇宙の法則』の長塚京三《ながつかきょうぞう》主演の社会派ドラマ。生徒たちに社会のルールを厳しく教え込もうとする、ひとりの中学教師の姿を描く。

参考3　『鈴木先生』　武富健治作。ささやかな問題も重大な試練も全力で挑む、かつてない教師が主人公。二〇〇五年から「漫画アクション」で連載。〇七年には文化庁メディア芸術祭マンガ部門優秀賞を受賞。一一年四月二十五日より、連続ドラマでは初となる長谷川博己主演でドラマ化も（テレビ東京系列）。

参考4　『引きこもり狩り　—アイ・メンタルスクール寮生死亡事件／長田塾裁判』編者の芹沢俊介氏ほか、川北稔《かわきたみのる》氏、山田孝明氏など計六名が、支援者、家族を激しく揺さぶった死亡事件を検証する。煽《あお》り立てるメディアの責任、拡大する支援の産業化、善意という動機のはらむ暴力性など、根深く絡みあった問題に迫る。

参考5　『親なら親らしく！』一九九七年刊行。「第一章　仮面家族」「第二章　ツッパリに戻れ！」「第三章　不登校児、未来に燃える」など全六章構成。子供たちが求める「親らしさ」とは何か、がテーマ。

参考6　『親がかわれば、子どももかわる　―イジメ・不登校・ひきこもりの現場から』二〇〇一年刊行。「第一章『奇跡のおばちゃん』と呼ばれて」「第二章　イジメ」「第三章　ひきこもり系の不登校」など全六章構成。〝「子ども問題」は、本人とまわりの大人をめぐる「複合問題」〟と問いかける。

参考7　『子供なんかにナメられたらアカン！』二〇〇〇年刊行。〝不登校を二時間でなおす奇跡のおばちゃん〟と呼ばれていた著者による、〝本音〟教育論。

第九章　野郎どもは母性に帰る

僕たちの内なる母性原理

前章で僕は、ひきこもり「支援」活動と称して当事者に暴力を振るうに至った長田・杉浦姉妹を俎上《そじょう》にあげつつ、彼女たちの一貫性に欠けた支援の論理について検討し、そこに一種の「母性」があることを指摘した。つまり、「暴力的おせっかい」という形の母性であると。

異論もあろうが、「ひきこもり」そのものは、基本的に無害な存在である。家族や社会の負担になるという意見もあろうが、それほど負担だというのなら、面倒を見ることを一切やめてしまえばいい。それこそが、さしあたり病気でも障害でもない「非社会的存在」に対する父性的処遇としては、ひとつの正解なのである。

しかし、僕も含めてひきこもりの治療や支援を必要と考えるものは言うだろう。「放っておいたら大変な事になる」「誰かが介入しなければ家族が崩壊する」などと。さらに「俺がやらねば誰がやるのだ」とも。少なくとも僕にはそうした意識があるし、そうした意識の問題性も人並み以上には理解しているつもりだ。そこまで考えた上で、父性的な対応よりも母性的な対応のほうが自分の倫理的判断にかなうと「決めた」のである。

前章で俎上にあげた金八先生シリーズの中でも屈指の名場面、「卒業式前の暴力」のクライマックスを最近見返してみた。何度見ても、この回の演出は見事としか言いようがない。ナンシー関がいみじくも指摘したように、たとえ警察官の立場のものがこれを見たとしても、見ている間は逮捕される「加藤」に感情移入せずにはいられないだろう。

ところで、このシーンについて、速水健朗はブログで興味深い指摘をしていた。セリフなし、スローモーションの逮捕シーンに音楽をかさねるという演出は、映画『いちご白書』(参考1)のラスト(学生たちが占拠する学園に警官隊が突入するシーン)の演出を下敷きにしているというのだ。確かに速水が指摘するとおり、金八先生の演出家は、七〇年代末の校内暴力を六〇年代末の学生運動に見立てているように思う。

そのうえで彼は、悲劇的な気分を盛り上げる中島《なかじま》みゆきの楽曲「世情」と、『いちご白書』で使われた明るいトーンの楽曲「サークル・ゲーム」(ジョニ・ミッチェル作曲)とを対比してみせる。

同様の演出ながら、それがもたらす効果はきわめて対照的である。少なくとも見ている瞬間には、誰もが体制に反発し、抵抗せずに逮捕されて連行されていく加藤に感情移入せずにはいられない「金八」。しかしジョニ・ミッチェルの歌がもたらす効果はこれとは正反対だ。

『いちご白書』の場合は、たとえ学生に感情移入していた観客でさえも、この楽曲と共に客観的な立場に引き戻され、学生運動をあたかも青春の空騒ぎ的な位置においてとらえ、そうした若い時代とのほろ苦い決別へと気分がたゆたっていく。感動という点ではもちろん「金八」のほうが上だ。しかし『いちご白書』の視点のほうが、より成熟しているとも考えられる。後者には、主体からいったん情緒や関係性を引きはがし、かわりに批評的・分析的視点を与えずにはおかない「父性」が感じられる。そう、つなぐ母性と、切断する父性の対立は、ここにもあるのだ。

僕たちの「学生運動」に対する認識は、当時から〈ちょっと恥ずかしい空騒ぎ〉というものだったはずだ。しかし基本的な構図は変わらないはずの金八先生における個人vs.権力という対立場面において、僕たちはやっぱり加藤に感情移入してしまう。ひょっとすると、昔も今も、学生運動を支えたメンタリティとは、そのかなりの部分が「この程度」のものではなかっただろうか。

校長を監禁して謝罪させるという加藤の行動は、いかなる事情があれ容認されるものではない。彼がひとまず警察によって逮捕・連行されるのは当然のことで、そこには議論の余地はほとんどない。にもかかわらず、あの場面を見ている瞬間だけは、誰もが「そんな正論はどうでもいい」「加藤を助けろ」という気分になってしまう。これはまさに、僕たちの内なるヤンキー的母性が発動した瞬間ではないだろうか。

僕がヤンキーの母性を強調するのは、それがどこまでも、感情と関係の優位性に立ちつつ、こうした反知性主義のスタイルを決して崩そうとしないからだ。少なくとも、ヤンキー的論理のきわみにあるものは、間違いなく（思想とは無関係の）母性である。

ただしそれは、高橋歩の章で強調しておいたように、「アメリカ的なもの」を強引に母性化し、それに対峙《たいじ》する無垢《むく》さとしての「不良性」を媒介として、その先に確立された母性原理なのである。その意味から言えば、ヤンキー＝母性化されたアメリカという解釈すら成り立つだろう。

ヤンキー文化の「女性性」

ところで、かねてからヤンキーについての高い関心を示してきた作家の赤坂真理は、その「女性性」や「母性」についても、早くから指摘している。その慧眼《けいがん》に敬意を表しつつ、それが具体的にどのように表れているか、これから検討してみたい。

そもそもヤンキーが女性的であると言う判断は、どこから来るのだろうか。

まず考えられるのは、その関係原理である。

第六章でも述べた通り、男女の行動原理の見かけ上の違いを生み出す原因として、女性の関係原理、男性の所有原理という要因が考えられる。

こんなふうに、リアルな欲望のベクトルについて、男女ではっきりと違いがあるということをまず確認しておこう。ちなみにこの「原理」には、いくらでも例外やハイブリッドがあり得る。僕が指摘しているのは、あくまでも一般的傾向にほかならない。

以上をふまえて考えるなら、表面的には男性原理そのものにみえるヤンキー文化にも、実はきわめて「女性的」な側面があることに気づかされる。

ここではまず、ヤンキー文化の「関係原理」について考えてみよう。

知られるとおりヤンキー社会はタテ社会だ。先輩後輩の関係はその後の人生においても、ずっとついてまわる。これは一見したところ、男社会の特徴にも思える。しかし僕の考えでは、関係性の基本に一定の思想なりルールなりが存在する集団のあり方こそが男性的であり父性的なものである。それゆえカルトやファシズム、あるいは共産主義に基づく社会のありようこそが、男性型社会の極北と言いうるだろう。こうした集団では必ず、関係よりも原理が優先される。

女性型社会というものを想定するとすれば、それは理念やルールとは別の形で結びついた人間関係を基本とするものとなるはずだ。そこでは原理よりも関係が優先される。その意味では、たとえば地縁のみを根拠とする村落共同体や血縁を根拠とする親族共同体のありようなどは、それが父系か母系かを問わず「女性型」であると僕は考える。

このように考えるなら、ヤンキー社会は言うまでもなく後者に含まれるだろう。

こうしたヤンキー集団のありようについての社会学的分析もいくつかある。そこでしばしば参照される文献は、ポール・E・ウィリス『ハマータウンの野郎ども』(ちくま学芸文庫)、以下『ハマータウン』(参考2)だ。ヤンキー論では重要な先行研究である難波功士『ヤンキー進化論』(光文社新書)も、この古典的名著にヒントを得て書かれている。『ハマータウン』で扱われているのはイギリスの労働者階級の青少年だが、この階層がなぜ再生産されるかという問題については、確かに日本のヤンキー文化に応用可能なところも多い。

『ハマータウン』の内容について、重要な部分をかいつまんで述べるなら、以下のようになる。労働者階級の子どもたち(the lads=野郎ども)の多くが、父親と同じ過酷な肉体労働に向かうのはなぜか。それは従来言われていたように、この階級の子どもはより上位階層の家庭の子どもに比べても学業の成績を伸ばすことが難しく、結果的に低賃金の仕事にしかありつけない、という理由からではない。むしろ彼らは、自発的に肉体労働を選びとっているのだ。ウィリスは、イギリスのある都市(仮に「ハマータウン」とされる)の学校におけるフィールドワークに基づいて、そのメカニズムを解き明かしていく。

「野郎ども」は、学校文化に反抗する。あるいは学校文化が体現している価値規範一般も否定される。むしろ彼らは、肉体労働に従事している「ほんとうの男」たちの文化に憧《あこが》れる。そこには男尊女卑的、家父長制的な価値観や、女々しさを否定するマッチョさがある。反学校文化は、こうした肉体労働の世界にきわめて親和的であるためもあって、彼らは自発的に父親のいる職業世界へと入っていく。さらに言えば、反学校文化を身につけること自体が、職業世界では適応的に機能するのだ。

確かにヤンキーに関しても、その独自のタテ社会の規律になじんでいたり、族のヘッドとしてリーダーシップをとってきたりした経験は、必ずしもブルーカラーに限らず、日本の会社組織での適応を助けるはずだ。僕たちが「元ヤン」に好意を寄せるとすれば、その何割かはこうした適応度の高さへの信頼によるように思う。彼らは同世代の若者よりも世慣れており、またしたたかで打たれ強いに違いないという印象を、僕らは確実に持っている。

さて、「野郎ども」には、女性の介在を否定するような「ホモソーシャル」な関係性がある。これはアメリカのジェンダー研究者、イヴ・セジウィック（参考3）が創案した言葉だが、これも簡単に説明すれば、ホモフォビア（同性愛嫌悪）とミソジニー（女性嫌悪）を基盤として成立する、男性同士の強い連帯関係のことだ。しばしば体育会系が例に出されるが、ヤンキー文化にもそのまま当てはまるところがある。

むろんゲイカルチャーの中にもヤンキー性があることや、ヤンキー集団は必ずしも女性を排除しないという点は考慮されるべきだが、一般に彼らはヘテロセクシズム（異性愛主義）の信奉者であり、女性には育児や家事労働を当然のように割り当てるという意味での男尊女卑傾向や家父長制にも親和性が高い。

また、ヤンキー集団は地元志向や伝統志向が強い。地方における「祭り」の主要な担い手が彼らであることを考えるなら、これも当然のことだ。地元志向は政治的には保守の立場につながり、それがさらに徹底されれば右翼的な活動につながる場合もあるだろう。排害社や在特会（在日特権を許さない市民の会）といった保守系団体にヤンキー経験者が多いと言われるのも故なきことではない。

地元志向やホモソーシャルの問題に関連して興味深いのは、ヤンキーとJリーグの関係である。再び速水健朗によれば、サッカーのサポーターグループの中には、暴走族から転向したグループも少なくないらしい。

「ちょうど、90年代半ばって暴走族が激減し、Jリーグが始まった頃なんです。そういう元暴走族のサポーターチームは、女性はメンバーに入れないという規則が残っているそうです。暴走族も基本は女子厳禁ですから。なので、観戦するにはメンバーの彼女という立場でしか入れない世界らしいです。まさに、『ケータイ小説的。』で書いた、地方の男性中心の互助組織と疎外された女性の姿というケータイ小説の構図そのまま」（『オタク／ヤンキーのゆくえ』第2回（全3回）東浩紀×速水健朗 http://d.hatena.ne.jp/idora/20080922/p2）

こうした事実のすべては、ヤンキー集団のマッチョイズムを示す特徴であり、むしろ彼らの極端な男性性のあらわれではないか、という指摘もあるだろう。しかし繰り返すが、僕の考えでは、男性的集団と呼びうるのは、規範や原理のもとで結集した集団のことだ。これまで繰り返し述べてきたとおり、ヤンキー集団は意図的に反知性主義のスタイルを保っている。そこでは原理よりも関係性が常に優先される。

ちなみに「仁義」や「年功序列」をはじめとする倫理観はヤンキー文化においても重視される傾向にあるが、ルーツは言うまでもなく儒教である。儒教は基本的に対人スキルを主軸とした倫理体系であり、理念以上に関係性を重んずるという意味では、ヤンキー文化に親和性が高いのも当然である。

こうしたことを考えていくと、ヤンキー文化の女性性を思わないわけにはいかない。関係性優位の集団は、やはり「女性的」と形容されるべきだろう。現にホモソーシャルの問題にしても、実際には女性の集団においても同様の関係性がしばしばみられるという指摘もある。

またマッチョイズムは、基本理念よりも「マッチョな見かけ」のほうを重視する傾向が強く、ここにも本質以上に外見が優先されるという意味で、女性的な要素がみてとれる。もっとも僕の考えは、ホモソーシャルもマッチョイズムも女性的な発想である、というかなり特殊なものなので、受け入れがたい人もいるだろうから、この議論についてはこれ以上深入りはしない。

母性と家族主義

ヤンキーの関係主義について言えば、それはマクロな集団よりも、もっとミクロな個人や家族のレベルで発揮されている可能性が高い。彼らの社会が関係性優位で動いていることはすでにみてきたとおりだが、それ以上に特徴的なのは、彼らがほぼ例外なしに家族主義的であるということだ。

性愛関係に積極的であり、かつ意外に一途《いちず》な面があったりする点などもヤンキーの特徴だ。平均的若者の中でもっとも婚期が早いのも、いわゆる「出来ちゃった婚」が多いのもこの層であろう。子どもが出来れば少なくともタテマエ上は「家族・命」になりがちであることは、高橋歩の例からもみてとれる。加えて、彼らは意外に親孝行であることも多いのだ。

とりわけ母親の存在は、すべてのヤンキーにとってきわめて「重い」。彼らの自伝などを読めば、そうした感覚が如実に伝わってくる。奇妙なことに、彼らの自伝を読む限りでは、総じて「父」の影が薄い。善かれ悪《あ》しかれ、圧倒的な存在感と影響力を発揮するのは、決まって「母」のほうなのだ。

ヤンキーと母性といえば、僕が真っ先に連想するのは、俳優の宇梶剛士《うかじたかし》だ。彼が十七歳当時、関東最大といわれた暴走族・ブラックエンペラーの総長であったことはあまりにも有名である。彼が非行に走った背景には、母親への反発があった。母・静江《しずえ》はアイヌ民族で、剛士が小学生だったころからアイヌへの偏見や差別と闘い、その伝統的な文化を伝える活動に奔走していた。困っている他者には手をさしのべても家族のほうを向こうとはしない母に剛士は反発し、十三歳で家出している（宇梶剛士『不良品』ソフトバンク文庫　参考4）。

しかし、彼が立ち直るきっかけの一つを作ったのもまた母親だった。暴走族間の抗争で少年院に入った彼に、母が差し入れた一冊の本『チャップリン自伝』がきっかけとなって、彼は暴力を捨て、俳優を志すことになる。念願かなって俳優となった息子は、いまや母の活動に協力するまでに変わったのである。

本来なら父との確執と和解として描かれそうなドラマが、母と息子との間で繰り広げられるということ。もちろん宇梶の例が特異なわけではない。むしろこうした関係は、ヤンキー文化圏においてはごく当たり前にみられるのである。

もっとも、男性にはマザコンが多いのは当然、という考え方もあるだろう。

女性の例として適切かどうかはわからないが、一応やんちゃ歴をカミングアウトしているタレント・鈴木紗理奈《すずきさりな》の著書『紗理奈の素』（マガジンハウス　参考5）には、彼女の両親へのリスペクトぶりが詳しく記されている。ただし、どちらかと言えば母親のほうに比重が置かれているのだが。

「何かね、カッコいいんです。お母さんの育て方っていうか、家庭作りが。お母さんにしてみれば、別に意識的にしたことじゃないにしても、男3人女1人の兄妹《きょうだい》に対して、別に期待することもなければ、うるさいことも何も言わなくて。〝やりたいことは何をしてもいいけど、親のスネをかじったり助けてもらうことは考えないで、自分で責任とりなさい〟みたいな。（中略）そういう厳しさを見せながら育ててくれて母親にはすごく感謝している。私は兄たちほど厳しくは育てられなかったけど、それでも悩みを相談するときなんかはすごい厳しい答えを返してくれる。／この前も、『もう忙しすぎてカラダがもたん。こんな状態ではいい仕事なんかでけへん。やめたいわ』って言ったら、『そんな泣くようならやめたらいい。嫌々やれなんて誰が言うた？　グチグチ言うならこっちへ帰ってきて大阪《おおさか》で働き！　やめたいと思ってるのにやってる方が、よっぽど不自然や』って。／最初から一番キツいところをパッコーンって。それ言われたらもう言い返す言葉ないやろってのがいきなりきた。／『ごめん。やっぱりやめたくない。もう一回、ガンバルわー』って泣きながら謝るんです。すると、『自分が納得するまでは好きにやったらいい。でも無理にすることはないで。ちゃんと帰る場所はあるんやから』って。(中略)私に対しては、自分が憎まれ口をたたくのが一番効果的なんやって知ってるから。でもその言葉の中には愛情がめっちゃ詰まってて、勝たれへん、ほんま」

彼女の言葉を書き写しながら、僕はどこか強い既視感を覚えていた。この母親の言葉は、前章でふれた長田百合子の言葉とあまりにも共鳴度が高くはないか。例えば「スネをかじるな」という言葉と「帰る場所はある」という言葉は、矛盾と言えなくもないのだが、「愛情がめっちゃ詰まって」いる、という解釈のもとでは筋の通った教育方針にみえてしまう。

おそらく長田の教育理念も、少なくともその初期は、こんなふうに「情」において は筋が通ったものにみえていたのだろう。彼女らの発言は、僕のような意地の悪いまとめ方さえしなければ、それぞれの文脈において理解されるべきであり、その限りにおいて矛盾はないのだ。

ヤンキー文化圏きっての知性派と僕が勝手に考えている俳優、哀川翔《あいかわしょう》の自伝『俺、不良品。』(竹書房文庫　参考6)にも、母親についての記述がある。もっとも、哀川自身には非行歴はないが、広義のヤンキー文化圏に所属する存在であることに異論は少ないと思われるため、ここで紹介しておこう。

「俺のこの性格っていうか思考は、やっぱオフクロの影響が大きいと思う。／親父が死んだあと、お袋がいつまでもクヨクヨしていたら、俺はこういう性格にならなかったかもしれない。本当の気持ちはわからないけど、お袋は常に力強くてサバサバしてたからね。／俺の育て方に関しても、『嘘をつかない・人を傷つけない・人のものはとらない』って、それは守らなくちゃいけないけど、それ以外は別になんでもいいって言ってた。（中略）当たり前のことのようだけど、この枠ってかなり広い。きっちり守ろうと思うとかなり大変だよ。大変だけど、確かに人間として大事なことなんだ。それだけ守っとけばいいようなこと。ウチの子供たちに対してもそう教えてる。／だから、俺、お袋のことは尊敬してんだ」

　哀川はまた、自分自身の家族に対しても独特の考えを披露している。

「いちいち規制するんじゃなくて、子供には好きにしろって言ってるんだ。そこで判断ミスをしたときは、俺が立ち回る。そこで言うこと聞かなかったら『出てけ』って。『出ていかなかったら殴るぞ』みたいな。／まぁ、子供の躾《しつけ》がどうこうは考えないけど、俺ん家《ち》クリアしたら、どこでも生きていけるようにはしようとは思ってる。だって家はさ、社会に出るために、社会で通用するために、いろいろ教えるところでしょ。大きくなって出ていって、『ウチの家は大変だったよ』でいいわけ。先に大変なことやったら、あとは身についたものがあるから普通に過ごしても楽勝じゃない」

「ウチは『家庭』って感じじゃない。それより『家族』。いや『家族』っていうより『族』だよ。同じ集団に属しているっていう族。なになに族。同じ精神ですってことでもあるし、同じ血ですっていうことでもある。（中略）族は、『だれかが死んでもだれかが生き残る』みたいな血の濃さを感じる。『受け継ぐもの』っていうか。だから結束が固い。族はこう、あるがままの形でしょうがねえだろっていう強さがある。実像。／族はどこでもいいのよ、溜《た》まれれば。溜まれる場所を探す。なんとか民族とか暴走族とか、みんな溜まってんじゃん。／ウチもリビングにみんな溜まりにくる。心地がいいから溜まる。一緒のところにいたいんだ、みんな。子供たち、勉強もリビングでやってるよ。／世間には、一つ屋根の下でも家族がみんなバラバラっていう家が多いけど、俺はそんなこと許さないからね。飯だってちゃんとその時間に来ないとないよ」

「好きにしろ」という言葉のすぐ後に「殴るぞ」とあったり、「あるがままの形」を肯定するかと思えば「俺はそんなこと許さない」とあったり、ここでも表面的には筋が通らないところもある。家族を「族」と言うように、哀川は家族の空間を、一種の自然さを兼ね備えた特異な空間、いわば倫理の自生空間のような場所として考えているように思う。そこで重視されるのはあくまで「嘘をつかない・人を傷つけない・人のものはとらない」といった、関係性への配慮ということになるのだろう。

女性原理のもとでの「男性性」

こうしたサンプリングはいくらでも続けられるが、今はこのくらいにしておこう。僕が繰り返し強調しておきたいのは、ヤンキーの家族主義における「母性」の圧倒的なまでの優位性である。

それは前章までに述べてきたような、義家弘介や長田百合子の「教育」方針、あるいはヤンキー文化にきわめて親和性の高い金八先生における反知性主義や関係原理ともきわめて深いつながりを持っている。

もっともベタなレベルで考えるなら、少なくとも成功したヤンキーにおいては、しばしば母親の影響や存在感が大きな比重をもって語られがちである、ということがある。言い換えるなら、彼らが正面から父親と対決することはほとんどない、そのような対象として父親が語られることもない。いささか乱暴にまとめるなら、多くのヤンキー成功者は、いっさい父殺しを経ずして、むしろ母の精神的庇護《ひご》のもとで、成長を遂げているようにすらみえるのである。

ここで奇妙に思えるのは、もしそれほどすぐれた母性のもとで育ったというのであれば、なぜ彼らはやんちゃ＝非行の時期を経なければならなかったのか、という本質的な問題である。母親のことをそれほど尊敬しているというのなら、たとえば「人に迷惑をかけない」といった基本原理をなにゆえに遵守しないのか。

おそらくそれは、母性原理の非本質性、すなわち〝普遍性のなさ〟に関わっているように思われる。どういうことだろうか。

男性原理、あるいは父性原理にあっては、普遍的な「男性性」という本質をいかに伝達するかが重要になってくる。これは教える—教えられるという以上に、その原理のもとで父は息子を抑圧し、やがて成熟した息子によって父が象徴的に殺されることで獲得されるようなものだ。そこでは確執そのものが教育的な機能を果たす。

しかし母性原理にあっては、そうした普遍性はない。なぜか。

精神分析的に考えるなら、「女らしさ」を積極的に指し示すような観念はほとんど存在しないためだ。母親が娘に伝えようとする「女らしさ」は、観念よりも身体的な同一化によってしか伝えられない。これは「女らしさ」というものが、「男らしさ」とは異なり、常に人間関係の中でしか表現され得ないような、見かけ上の特性であるためだ。

女の子へのしつけは、社会的ルールを教えることが中心となる男の子の場合とは大きく異なる。「女らしさ」と呼ばれるものの大半は、可愛い髪型や化粧、フェミニンな衣服あるいはしとやかな仕草といった、身体＝外観に関わる要素から成り立っている。場合によってはこれに「やさしさ」「おとなしさ」「従順さ」「受け身性」などが加わってくる。

ここでなにが配慮されているか。相手に不快感を与えないこと、好感を持たれること、もっとはっきり言えば、相手から愛されることだ。要するに女らしい身体性とは、他者の欲望を惹《ひ》きつける身体性を意味している。

しかし繰り返すが、こうした「女らしさ」には普遍性も本質もない。そもそも時代や文化が違えば、女らしさのありようも変わってくるだろう。だとすれば、それはあくまでも、それぞれの家庭のプライベート空間で伝えられるほかはないことになる。

プライベート空間で、身体を通じてなされる関係性の教育。そうしたものの好例として、亀田三兄弟の父親を思い浮かべるのはおかしな連想だろうか。しかし、母親の不在を代償する必要があるとはいえ、亀田一家の深い信頼関係と、対外的なやんちゃ振りには、ある種のヤンキー性に特異的な構造がかいま見える。

密着型の母性が「内弁慶」的なものをもたらすのに対して、自立を志向する母性は「外弁慶」的な態度につながってしまうという可能性である。

三兄弟の父、亀田史郎《しろう》は、親子関係について問われて、次のように答えている。

「他所《よそ》は他所や。俺がなんやかや言う問題とちゃうけどな。（中略）根本的なもんは親が植えつけるんとちゃうかな。子供の道は親が考えてやらなあかんのとちゃうやろか。いまの世の中はいっぱい道があるから、子供はどの道にも行きたくなるよ。楽で楽しい道があればそこに行きたくなるやろ。それでええん？　それは親が導いてやるもんとちゃうかな」「（息子たちに自分の夢を押し付けた意識はあるかと問われて）押し付けたといえば押し付けたな。でもな、これは仕事やからな。（中略）押し付けたというたら言葉が悪いけど、たとえばな、進学にしてもそうやろ。親がある程度は決めたらんとあかんやんか。子供の道を親が決めてやらんと、子供の判断だけでは難しいところあるやろ、まだ15歳かそこらなんやから」（『ボクサー亀田興毅《こうき》の世界』白夜ムック　参考7）

これが世間を意識したタテマエ的なきれい事というよりは、ある程度彼のホンネであると信じられるのは、彼らの親子関係が傍目《はため》にもきわめて親密な絆《きずな》で結ばれているようにみえるからだ。そこにあるのは、またしても父と息子という対立ではない。むしろ母と娘との関係性にも似た庇護的な意識、あるいは身体の側から子の精神を支配しようとする母性的傾向、さらに言えば自分の人生の「生きなおし」を子に求めるような、母性的同一化への欲望なのではないだろうか。

こうしたことはおそらく、ヤンキー文化圏では珍しいことではないはずだ。もしそうであるならば、一つの仮説が成立する。ヤンキー文化とは、男性原理の価値規範を、女性原理の方法論で伝達、拡散することによって成り立ってきたのではなかったか。

亀田親子に話を戻そう。彼らが目指す「ボクシング世界チャンピオン」という目標は、はっきりと男性的な価値観に支えられている。しかし、それを目指すさいの方法論は徹底して母性的だ。繰り返しになるが、身体の独自のコントロール、あるいは亀田家独自の価値観教育、さらには父親自身の生きなおし（父親の夢を息子がかなえること）への欲望が絡むなど、いたるところに母性的な要素がみてとれる。

世界チャンピオンを男性原理のもとで目指すとすれば、まず父と息子の対立は避けられない。さらに息子は、あくまでも彼の個人的欲望として、チャンピオンを目指すことになるだろう。いうまでもなく男性原理の発露の一つは、家族主義に抵抗する個人主義であるべきだからだ。そこに「育ててくれた父親のために」といった義理人情が少しでも絡んでくると、もはや男性原理を維持することは難しくなる。

この仮説が正しければ、これまでヤンキー文化圏において観察されてきたいくつかの奇妙な現象についても納得のいく説明を与えることができるかもしれない。なぜヤンキーは女物のサンダルを履きたがるのか。なぜヤン車の車内には、さまざまなファンシーグッズが詰め込まれているのか。なぜヤンキーファッションには可愛いキャラクターグッズが違和感なく馴染《なじ》むのか。そして、なぜヤンキーはディズニーが好きなのか。

強面《こわもて》の外見を側面から支える、こうしたファンシー性のありようこそは、少なからぬ歪《いびつ》さや極端さを包み込む女性性、ないし母性原理の象徴ではなかったか。

実はここで僕が考えた「ヤンキー文化＝女性原理のもとで追求される男性性」というアイディアは、その対として「おたく文化＝男性原理のもとで追求される女性性」を想定している。また、この二つをつなぐ媒介項として、「換喩《かんゆ》の形式」を想定しているが、この点については次章以降で少し詳しく検討してみよう。

参考1　『いちご白書』一九六八年にコロンビア大学で起きた学園闘争の渦中にいたジェームズ・クーネンの体験記を基にした青春映画。軽い気持ちから学生運動に身を投じたボート部の学生と活動家の女子大生の恋愛を描く。一斉検挙が行われるラストが印象的。主題歌「サークル・ゲーム」を歌ったのはバフィ・セント・メリー。スチュアート・ハグマン監督。七〇年カンヌ国際映画祭審査員賞を受賞。また、荒井由《あらいゆ》実《み》（松任谷由実《まつとうや》）はこの映画を当時の恋人と観た思い出を「『いちご白書』をもう一度」という曲にしてバンバンに提供、ミリオンヒットを記録した。

参考2　『ハマータウンの野郎ども』イギリスで中等学校を卒業後すぐに就職する労働階級の少年たちの学校観・職業観とは？　彼らの間で培われている反学校の文化を生活誌的な記述によって詳細にたどり労働階級の文化が既存の社会体制を再生産してしまう逆説的な仕組みに光をあてる。熊沢誠《くまざわまこと》・山田潤《やまだじゅん》訳。

参考3　イヴ・セジウィック　一九五〇年アメリカ・オハイオ州生まれ。社会学者、文学研究者。コーネル大学卒業後、イェール大学で博士号取得。ボストン大学、デューク大学、ニューヨーク市立大学大学院で教鞭《きょうべん》を執《と》る。著書に『男同士の絆　イギリス文学とホモソーシャルな欲望』（上原早苗《うえはらさなえ》、亀澤美由紀《かめざわみゆき》訳　名古屋大学出版会　二〇〇一年）『クローゼットの認識論　セクシュアリティの20世紀』（外岡尚美《とのおかなおみ》訳　青土社　一九九九年）ほか。二〇〇九年、乳癌《がん》のため五十八歳で没。

参考4　『不良品』　複雑な家庭環境、プロ野球選手を目指した少年時代、ある事件を機に巨大暴走族の総長になっていく経緯、少年院でのチャップリンの自伝との出会い、など俳優・宇梶剛士が自身の半生を率直に語ったノンフィクション。

参考5　『紗理奈の素』　タレント鈴木紗理奈が、「世間の母親はウチのお母さんを見習うべし」「まるで男同士のような父との関係」といった両親との思い出や、兄たちのこと、芸能界の友人、先輩たち、大阪の仲間たちへの思いを素直に語ったフォトエッセイ集。

参考6　『俺、不良品。』　故郷・鹿児島《かごしま》での思い出や一世風靡セピアの一員としての芸能界デビュー、解散後に百本のVシネマに出演するなど俳優としての活躍、さらに結婚、家族への思いなどを綴《つづ》った哀川翔の自伝本。

参考7　『ボクサー亀田興毅の世界』　興毅、大毅《だいき》、和毅《ともき》の三兄弟と父・史郎に密着、インタビューを敢行したムック。大毅と和毅の対談や、自宅の練習場〝亀田家　虎の穴〟潜入&体験記なども。亀田興毅が二〇〇六年にファン・ランダエタに判定で勝ってWBAライトフライ級チャンピオンになる前の〇五年刊行。

第十章　土下座とポエム

ヤンキー漫画の〝汽水域〟

本書では、これまでヤンキー漫画についてほとんどふれてこなかった。ヤンキー文化論においてはほぼ必須《ひっす》の領域ともいうべき漫画をスルーしてきたのはほかでもない、カバーすべき領域があまりにも膨大であるからというのが第一の理由だ。

奇妙と言えば奇妙なことだが、映画、音楽、アートといった諸々《もろもろ》の表現領域の中でも、もっとも豊穣《ほうじょう》なヤンキー表現の沃野《よくや》が、ほかならぬ漫画なのである。硬派ものや不良ものまでジャンルのすそ野を広げることが許されるなら、漫画表現にこそヤンキー文化の枠があると断言しても良いほどだ。

それゆえ本書の一章だけで、それもそろそろ結論的なパートにさしかかったところでヤンキー漫画を包括的に論じることは不可能だ。いや、そもそもヤンキー漫画を包括的に論ずるためには、「ヤンキー漫画史」という本一冊分の分量を要するだろう。

それでも僕は、ここで漫画についてふれないわけにはゆかない。そのために新宿《しんじゅく》のネットカフェで一晩を過ごし、「取材」までしてきたのだから。余談ながら、あれは結構快適な場所だ。ネットカフェ難民のように何日も過ごすのはさすがに無理としても、個人的には二～三泊程度なら、並のビジネスホテルよりも楽しく過ごせるのではないか。

閑話休題、ヤンキー漫画は、その長い歴史において、本質的なものから周縁的なものまで、きわめて多様かつ幅広い表現を達成してきた。僕はある対象を分析するさい、境界的・周縁的なもののほうから本質ににじり寄るという手法を用いることが多い。本章でも、あえてヤンキー漫画の王道ではなく、周縁的な作品群にふれながら、いくつかの本質的な要素について検討することを考えている。

とはいえヤンキー漫画の「王道」とは何なのか。このあたりもきわめて曖昧《あいまい》になりつつあるのが現状であろう。例えば本宮ひろ志『男一匹ガキ大将』はどうか。池上遼《いけがみりょう》一《いち》『男組』や梶原一騎《かじわらいっき》とながやす巧《たくみ》による『愛と誠』はどうなのか。そもそも梶原一騎にヤンキー的センスの原型を見てとるのは、果たしてどれほど正当なのか。要するに、「何が王道か」を巡ってすらも、これだけの錯綜《さくそう》した疑問が浮かんでくるのだ。よって、王道問題にはこれ以上深入りしない。僕がここで取り上げるのは、次の四作品だ。

①加瀬《かせ》あつし『カメレオン』（講談社）

②立原《たちはら》あゆみ『本気《マジ》！』（秋田書店）
③荒木《あらき》飛呂彦《ひろひこ》『ジョジョの奇妙な冒険　Part4ダイヤモンドは砕けない』（集英社）
④真鍋昌平《まなべしょうへい》『闇金ウシジマくん』（小学館）

一見、奇妙なチョイスと言われそうだが、むろん奇をてらっているわけではない。この中で本来の意味でヤンキー漫画に分類可能な作品は①のみだろう。②はヤンキーではなく任侠《にんきょう》物だし、③は作者の言葉を借りるならロマンホラーに分類されるであろう冒険活劇だ。④に至ってはこれも漫画の人気ジャンルの一つである金融ものでしかし僕の考えでは、いずれもヤンキー漫画表現の境界を考える上では欠かすことのできない、いわば〝汽水域〟の傑作群であり、これらの作品を検討することで、ヤンキー的なものの本質を立体的にあぶり出すことが可能になるはずなのだ。

『カメレオン』

まずは、加瀬あつし『カメレオン』（参考1）について見てみよう。

本作の主人公である矢沢栄作《やざわえいさく》は、中学時代に凄惨《せいさん》ないじめを受けていたことから、高校で不良デビューを果たす機会をうかがっていた。入学早々、次々と名のある不良たちのケンカに巻き込まれながらも、ハッタリ、機転、強運によって状況を切り抜け、一目置かれる存在になっていく。

絶体絶命のピンチをありえない偶然と頓智《とんち》（設定ではIQ140らしい）で切り抜けるさいの矢沢のパニックぶりやドタバタが定番のギャグ漫画、というかシチュエーションコメディである。それゆえ必然的にパロディ的な要素を多分に含む。

本作は、なめ猫や横浜銀蝿などと同様、いわばヤンキーもののパロディという位置づけにある。ヤンキーのファッションセンス自体がなかばネタ化した現代にあって、このジャンルはとりわけ人気が高い。同趣旨の作品としては西森博之《にしもりひろゆき》『今日から俺は!!』（参考2）や阿部秀司《あべしゅうじ》『エリートヤンキー三郎』（参考3）あるいは野中英次《のなかえいじ》『魁《さきがけ》!! クロマティ高校』（参考4）も挙げておくべきかもしれない。ただし〝クロ高〟についてては、ヤンキーのパロディというよりも池上遼一作品（『男組』など）のパロディというほうが正確かもしれない。

いずれの作品にも共通しているのは、実は主人公がかなりの小心者であり、たまたま状況に呑《の》みこまれる中で、否応《いやおう》なしにヤンキー的に、つまり強面《こわもて》に振る舞うことを余儀なくされる、という点だ。

『カメレオン』の場合は主人公の機転と強運が、『エリートヤンキー～』の場合はキレた主人公の強さが、〝クロ高〟では主人公の空気を読まないズレた自意識が、結果的に周囲から一目置かれるポジションを獲得させる。

僕は以前、ガテン系労働者のファッションセンスが、同僚や取引先（やっぱりガテン系)に舐《な》められないようにという口実で、どんどん過激化していくというエピソードを紹介した。おそらくここにも、ヤンキーの一つの本質がある。互いに「舐められない」ことを目指してキテレツ要素をどんどんため込んでいった結果、あのようなバッドセンスが成立するということ。

僕はかねてから、ヤンキー文化に「メタがない」ことを持論としていたが、この表現は必ずしも正確ではなかった。〝ウシジマくん〟の箇所で述べるとおり、批評的な意味でのメタレベルはありうる。ありえないのはむしろパロディである。ヤンキーものののパロディは、風刺にも批判にもなりえない。そもそも風刺すべき本質がないのだから当然だ。むしろヤンキー文化は、パロディ的な視線すらもおのれの原動力に取り込んで生成発展してきたのではなかったか。その意味で彼らのバッドセンスの本質は、「オリジナルを欠いたパロディ」という、シミュラークル的な「まがいもの性」にきわまるのかもしれない。

現代におけるヤンキー文化のほとんどにおいて、こうしたパロディ的な視点が織り込み済みであるということ。この点はヤンキー文化と「お笑い」の親和性の高さという点からも重要である。本書で僕は繰り返し、日本の芸能界がいかにヤンキー的な美意識に浸潤されているかについて述べてきたが、現代においてはむしろ「お笑い」との親和性について語るべきなのかもしれない。

『本気！』

本章で取り上げる作品群の中で、立原あゆみ『本気《マジ》！』（参考5）は最も古い。ただし、本作は正確にはヤンキー漫画ではない。一人のチンピラが一人前の極道に成り上がっていく過程を抒情的《じょじょう》に描いた作品である。いわば任侠ものであり、不良漫画とは一線を画している。一説には「本気と書いてマジと読む」というギャグの元ネタが、本作であるともされている。

にもかかわらず、ここで本作を取り上げるのには、もちろん理由がある。

作者の立原あゆみは、少女漫画の絵柄で任侠ものを描く特異な作家だ。名前や絵のスタイルからは想像しにくいが、実は男性である。

代表作である『本気！』は、少年漫画誌の中でも〝硬派〟度では群を抜く「週刊少年チャンピオン」（秋田書店）誌上に一九八六年から九六年まで連載された。ちなみに立原は、チャンピオン誌上で連載された典型的なヤンキー漫画『Ｌｅｔ'ｓダチ公』の原作者（ただし積木爆《つみきばく》名義で、作画は木村知夫《きむらともお》）でもある。まさしく〝筋金入り〟なのだ。

繰り返すが、本作は少女漫画の絵柄で描かれた極道ものである。とはいえ派手な抗争が描かれるわけではない。一人のチンピラが一人前の極道になっていくビルドゥングスロマンであり、結ばれ得ないことを承知で一人の少女を想い続ける純愛ものでもある。そこに描かれる時にハードな〝仁義なき〟抗争劇は、少女漫画のタッチと驚くほど馴染《なじ》んで違和感がないおそらく立原は、少女漫画のリリシズムが、極道世界の描写に違和感なくマッチすることをはじめて〝発見〟した作家でもある。

この事実にはいくつもの「意味」を読み取ることが可能だ。

まず、ヤンキー性と「ポエム」の親和性。相田みつをのヤンキー親和性について速水健朗が指摘していたことが、速水よりもはるか以前に作品という形で実現していたということ。やはりヤンキー文化のポエジーを少女の視点から描き出してヒットした紡木《つむぎ》たく『ホットロード』がほとんど同時期に発表されていたことも興味深い符合である。

繰り返すが、立原あゆみは男性作家である。にもかかわらず、まがうかたなき少女漫画のタッチを、完全に自家薬籠中《じかやくろうちゆう》のものにしている。一度でも読んだことがあればわかると思うが、少女漫画の少女の瞳《ひとみ》から「星」を消したとされる紡木たく以上に、そのタッチはオーソドックスだ。恥を忍んで告白すれば、僕もある時期まで、立原が女性作家であることを疑いもしなかった。

前章で僕は、「ヤンキー文化とは、男性原理の価値規範を、女性原理の方法論で伝達、拡散することによって成り立ってきたのではなかったか」という仮説を述べておいた。立原あゆみの作品は、僕の仮説の正しさを実証しているように思われる。なぜなら彼の作品は「任侠」という男性原理が、少女漫画のスタイル、すなわち女性原理のメディアによって表現されたもの、とも解釈できるからだ。

ここから連想されるもう一つの要素は、以前から僕が指摘してきた「ヤンキー」と「ファンシー」の親和性である。酒井順子氏との対談から、ファンシーに関わる部分を引用しておこう（『「性愛」格差論』中公新書ラクレ）。

斎藤　（略）……それからもうひとつの理由として、僕はあえて「寂しさ」説をとりたいです。肥大化を好むのは、「これ以上痛い思いをしたくない」という心理の表れではないか。

酒井　何かに包まれたい、と。

斎藤　彼らはけっこう強面に見えて、実はかなりのファンシー好き。成人式でもファー（毛皮）を身につけた女性たちが目立ちましたが、あれは象徴的です。ああいうものを車のダッシュボードにおいていますよね。UFOキャッチャーで捕獲したぬいぐるみを一杯置いていたりとか。

酒井　そうですね。床にも敷いて土禁にしていたり。全体的にフェイク・ファーが好きですね。

斎藤　ふわふわしたものが好きなのではないでしょうか。あれが「ヤンキー」のもろさというか、傷つきやすさを象徴しているように思います。

酒井　ふわふわしたものに守られたい、と。

斎藤　少なくとも病院で接するヤンキー達の生活環境は、かなり過酷なものです。家族関係にしても虐待経験があったり、DVやレイプを何度も経験していたり。それほどではなくても、例えば成人式でははじけてみても、家に帰ると何者でもない自分がいたりするわけですよ。そんな時、彼らが何に癒されるのかというと、ムートン素材のインテリアとか、あるいは矢沢永吉や浜崎あゆみの歌とか。

酒井　純粋なんですね。「ヤンキー」の人は情に厚く、子どもとか動物に対しても優しいですし、結婚したら内助の功とか発揮しそうです。

僕は精神科医でありながら、ヤンキー的な美意識を彼らの個人心理に結び付けることを本当はしたくない。しかし、彼らの〝ファンシーなもの好き〟を考える上では、そこに潜在するであろう〝癒されたい願望〟を無視するのはフェアではない、とも考えている。

実際、ここでの僕の持論は、最近になって「岡島紳士《おかじましんじ》と18人のヲタ」なる著者による『AKB48最強考察』（晋遊舎　参考6）にも引用されている。本書はアイドルグループAKB48の戦略を「ヤンキー&ファンシー」としているが、風貌《ふうぼう》からオタク的とみなされがちな秋元康の「ヤンキー性」について以前から指摘してきた僕からすれば、これは出るべくして出た論考、という感も否めない。

しかし、ここまでの解釈はそれこそ、精神科医としての〝アリバイ証明〟的なものだ。ヤンキーとファンシーの親和性には、間違いなくさらなる必然性がある。立原あゆみ作品の——内容と絵柄のギャップを楽しむというよりは——一つのスタイルとして完璧《かんぺき》に近い完成度をみるにつけ、そう思わざるを得ないのだ。このあたりはヤンキーファッションとも絡めて、後でもう一度論ずることとする。


『ジョジョの奇妙な冒険』


次いで取り上げる作品は荒木飛呂彦『ジョジョの奇妙な冒険 Part4 ダイヤモンドは砕けない』（参考7）だ。

荒木飛呂彦は僕が二十年来、敬愛してやまない漫画作家である。幸運にも知遇を得る機会があって現在も交流は続いているが、それが本作を取り上げる理由ではもちろんない。実は先日、某所で会食したおりに、ヤンキーについて荒木氏と話す機会があり、そこで次のようなやりとりがあった。

「ジョジョの第4部は日本の杜王町《もりおうちょう》が舞台で、いろんなヤンキーがたくさん登場するのに、全くといって良いほどヤンキーテイストがない。あれはホント、不思議ですね。

意図的にそうしたんですか？」と僕。これに対する荒木の答えは「そうですか？不思議ですね。なぜなんだろう？」というものだった。つまり作家自身はまったく無自覚だったわけで、そうだとすれば、これはほとんど作家の資質の問題ということになる。

実際、荒木飛呂彦は奇妙な作家だ。現代日本の漫画界においては、押しも押されもしない第一人者の位置を占め、数少ない天才の一人として若い世代にも多大な人気を誇る。彼の影響を受けたと自認する漫画家、作家、アーティストは枚挙に遑《いとま》がないほどだ。にもかかわらず、荒木の作品は「おたく性」とも「ヤンキー性」とも一貫して距離をとり続けてきた。

ちなみに荒木作品、とりわけ登場人物たちの数々の名セリフは、おたくネタの定番中の定番であり、その意味では彼はおたく圏内の作家である。しかし自らの美意識に忠実な荒木は「萌《も》え」が描か／けない。彼が描くタフで美しい女性たちは、ことごとく「萌え」とは無縁である。なぜだろうか。僕の解釈では、おそらく彼女たちは立体的すぎるのだ。そこには「萌え」に必須《ひっす》な〝フラットさ〟がかけらもない。このフラットさの排除は意図的なものであると、荒木はかつて僕のインタビューで答えている。ならばその対極であるはずの「ヤンキー性」があるかといえば、こちらはさらに希薄なのである。

繰り返すが、「ジョジョＰａｒｔ４」で描かれるのは主人公である東方仗助《ひがしかたじょうすけ》をはじめとするヤンキー群像である。その奇妙なリーゼントの髪型をけなされると相手が誰だろうとキレまくる東方仗助のキャラ設定にしても、むしろヤンキー漫画の定番に近い。つまり設定をみれば、「条件」は十分に揃っている。にもかかわらず、本作はまったくヤンキー的な印象を与えない。

なぜヤンキーを描いた「ジョジョPart4」が、まったくヤンキー的に見えないのか。これは些細《ささい》なことのようで、けっこう重要な問題である。この点を掘り下げることで、ヤンキー的なバッドテイストの本質がいっそう明らかになると予想されるからだ。

第一に、まさにバッドテイストそのものの問題がある。日本の漫画よりはアメコミやバンド・デシネの影響を強くうかがわせる荒木漫画のスタイルは、デザインとしても極めて美しい。先ごろ完結したジョジョ第7部とでもいうべき「スティール・ボール・ラン」においては「黄金長方形」(黄金比)が重要なテーマとなっていたように、荒木の造形は西欧的な美学の伝統に深く根ざしている。それゆえそこには、ヤンキーものを描く上で必須とも言えるファンシー性やバッドテイストがほとんどみられない。

セクシュアリティについて言えば、荒木が「萌え」的な絵柄を嫌悪しており、そこから一定の距離をとり続けている点も重要だ。すでに指摘したように、ヤンキーものはしばしば純愛もの(あの『カメレオン』ですら!)の要素を併せ持っており、それゆえヒロインの造形はきわめて重要である。本宮ひろ志がヒロインだけは妻である少女漫画家もりたじゅんに描かせているという話は有名だが、さすがに本宮は、ヤンキーものにおけるヒロインの可愛さがいかに重要であるかを理解している。

いっぽう荒木は、萌えキャラを描くことに力を注ぐより、広瀬康一《ひろせこういち》につきまとう山岸由花子《やまぎしゆかこ》のような、美人ではあってもストーカー的なキャラを描いてしまったりする。あるいは殺した女性の手首を蒐集《しゅうしゅう》する猟奇的殺人者・吉良吉影《きらよしかげ》を描くなど、ヤンキー的なヘテロセクシズムにも一貫して無頓着《むとんちゃく》ないし冷淡だ。

そう、吉良のような、いわば病理の領域に届いているようなフェティシズムを描いてしまう荒木の志向／嗜好《しこう》もまた、ヤンキー性を遠ざけてしまうのである。

問題はセクシュアリティだけではない。作品を貫く価値観においても、本作はきわめて独特だ。ヤンキー漫画の対立構図をきわめて単純化して述べるなら、「成功した偽善者」vs.「誠実なアウトロー」となるだろう。もちろん『カメレオン』のように偽善や卑怯《ひきょう》を厭《いと》わない主人公という設定もありうるが、それはしばしばギャグの範囲におさまっている。

いっぽう「ジョジョPart4」の価値観をもっとも良く象徴するキャラクターは天才漫画家・岸辺露伴《きしべろはん》である。彼の立場は常に両価的だ。どちらかといえば正義の側にありながらも、主人公である東方仗助のことは嫌っている。金銭的な成功や名声には関心がなく、静かな環境で創作に打ち込むことを無上の喜びとする本物のナルシシストでもある。

彼の人気を決定づけた名セリフは「だが断る」だ。敵スタンドに襲われて瀕死《ひんし》となった岸辺に、敵が命を助けてやるから仗助をハメろとそそのかす。岸辺は「本当に助けてくれるのか?」といったんは誘惑に乗ったふりをしつつ、次の瞬間、傲然《ごうぜん》と言い放つのだ。「だが断る」と。「この岸辺露伴が最も好きな事のひとつは、自分で強いと思っているやつに『No』と断ってやる事」というのがその理由である。

このセリフの格好良さは、それが正義を体現しているからだろうか?

必ずしも、そうではない。自己犠牲をも厭わないナルシシズム、つまり文字通りの意味で死ぬほど自分のことが好き、であることの格好良さ。それに尽きる。家族のためでもなく、仲間のためでもなく、ただ自分自身のためだけに貫かれる規範なき正義。究極のナルシシストだけが獲得できる純粋な公共性。おそらく美と倫理とは、この次元においてのみ完全に両立しうる。だからただ「断る」ではいけない。「だが断る」の倫理性は、まさに「だが」にこそ宿る。

この逆説的欲望の格好良さが、「ジョジョPart4」の通奏低音《あいい》なのだ。そして、これほどヤンキー性からかけ離れた価値観もない。何が最も相容れないのか。そう、ナルシシズムである。もちろんヤンキー漫画にも、自己愛的な主人公がしばしば登場するが、最も受けが良いのは、仲間や家族、あるいは惚《ほ》れた女のために、なりふりかまわず発揮される正義、これなのである。これはこれで一つの格好良さではあろうが、荒木＝岸辺的な美意識からは最も遠い。

たとえば「土下座」という行為がある。やむにやまれずなされる「土下座」を格好いいと思えるか、いかなる状況下でも受け入れを拒否するか。荒木＝岸辺露伴なら、もちろん後者だ。

しかしヤンキーは、時に「土下座」を決然と引き受ける。その特異な〝美意識〟がいかんなく発揮された漫画『どげせん』（企画・全面協力・板垣恵介《いたがきけいすけ》、作画・RIN　参考8）は、ヤンキー漫画に土下座ものというまったく新しいジャンルを開拓した特異な作品だ。完璧《かんぺき》な土下座ポーズが宇宙空間すら幻視させる本作は、ヤンキー漫画もまたセカイ系たりうることを僕たちに思い出させてくれる。本作はその後、板垣氏とRIN氏の「土下座観」の違いによりコンビ解消、という結果に至っている。

話を戻そう。荒木という作家の奇妙な資質は、他の作品から受けた影響を、ことごとく独自の変換装置で異化してしまう点においても発揮される。たとえば彼の作品におけるセリフ回しは、梶原一騎からの濃密な影響下にあるという（「体言止め」「！」）。ヤンキー文化圏における インフラの立役者の一人である梶原の影響は、おそらく作者自身にそう告白されなければほとんど気づかれないはずである。

つまり荒木は、梶原作品の形式だけを受け継ぎはしたが、作家の価値規範はあっさり切り捨ててしまったように見えるのだ。荒木作品の根幹をなす倫理性は、ヤンキー的な価値規範とはほぼ相容れないものだ。この点については、また後で述べるとしよう。

『闇金ウシジマくん』

さて、本章で取り上げる最後の作品は、現在も「週刊ビッグコミックスピリッツ」に連載中の真鍋昌平の漫画『闇金ウシジマくん』(参考9)である。現実世界の身も蓋《ふた》もなさを露悪的なまでに描く本作は、ヤンキー文化のダークサイドも、まったく容赦なしに暴き立てる。

たまたま同じ雑誌で連載中の高橋《たかはし》のぼる『土竜《もぐら》の唄《うた》』(参考10)と比較すると、その「身も蓋もなさ」がいっそうはっきりするだろう。作家自身のファッションセンスから考えても、『土竜の唄』には確信的なまでにヤンキー美学が一貫している。しかし『ウシジマくん』は違う。真鍋の視線には、ナンシー関から酒井順子、あるいは僕自身にも共有されているような、ヤンキー文化への強い関心と同じくらいの違和感に根ざした批評性がある。

はっきり言おう。ヤンキー漫画が一般にコミカルだったり大風呂敷《おおぶろしき》だったりする最大の理由は、ヤンキー文化のダークサイドを否認・隠蔽《いんぺい》するためである。それは日本において最も広く共有されたユースカルチャーではあるが、同時に「負け犬のための子守歌」でもある。社会の最底辺層の人々にも享受できる「文化」であるがゆえに、必然的に反知性主義とバッドテイストをはらむ。ほんの一握りの「成り上がり」の夢と希望をはらみつつ、ドロップアウトの悲惨さについてはあえてふれない〝優しさ〟がそこにはある。

しかし真鍋は、まるでそれが自分の使命であるかのように、ヤンキー文化圏に棲息《せいそく》する人々の悲惨な末路を描き続ける。もちろん彼の作品においては、タクシー運転手から医療機器メーカーのMR、フリーターからオサレ小僧まで、多種多様な人々が〝標的〟になっている。しかし、現在進行中のホスト編をはじめとして、全体としてヤンキーテイストの比率が異様に高いように思われるのは僕の気のせいだろうか。もちろん作家自身の嗜好もあるだろうし、ことによると日本人のヤンキー率の潜在的高さなども大いに影響している可能性もある。

ここでは本作の二巻から三巻の「ヤンキーくん」編に注目してみよう。かつての暴走族のヘッドがヤクザに借金を作ってしまい、行きずりのアベックを誘拐し、ついには主人公・丑嶋馨《うしじまかおる》が経営する『カウカウファイナンス』からの現金強奪を目論《もくろ》むまでに落ちていくのが大まかなストーリーだ。

登場人物の「愛沢《あいざわ》」は、族のヘッドという過去の栄光にしがみつきながら、自分よりも弱い立場の人間を暴力で支配しつつ、しかし自らも暴力団の食い物になっていく。金策に行き詰まった愛沢の独白には、彼の所属する世界の「リアル」が容赦なく露呈している。

「そうだ！　俺がこーなったのは金のせいだ!!／俺の家がびんぼーだったのがいけねーンだ！／みんなが持ってるおもちゃを、俺は持ってなかった。／俺は横取りするしか手に入れる方法がない。（中略）『愛沢くんと遊んじゃダメでしょ〜。』って、よく言われた。／そのたびに『あー、またかー』って傷ついてたんだ……／だが、ガキの頃は今みてーに言葉にして理解できなくて／ただ……／へらへら笑って自分をごまかした。／今はもうごまかす事すら出来ねー／日本中のバカが集まる工業高校を中退して、／知り合いのつてで入った塗装工も運送屋も／ダルくてすぐ辞めちまった。／何ひとつ続かねェ。／何ひとつものにならねェ……。／なるようになって／今、すべてのツケが俺にのしかかってきた」

「ヤンキーくん」編のラスト近く、愛沢は暴力団の滑皮《なめりかわ》によって、保険金目的でダンプカーに飛び込むことを強要される。

そこには覚悟を決めたものの美学はかけらもない。自ら決然と死にゆくものの崇高なる悲劇性もない。状況に流され続けて、とうとう来るところまで来てしまった、という情けなさ。惨めさ。滑稽《こっけい》さ。もちろん漫画ゆえの誇張はあろうが、ヤンキー美学でアゲアゲになった気持ちを瞬時に凍り付かせるほどの破壊力がそこにはある。『ウシジマくん』の読後感は、いささか奇妙なものだ。ここには「批評性」とか以前に、ヤンキー文化の身も蓋もない真実が描かれている。にもかかわらず、この作品にもヤンキーテイストは希薄なのだ。これはどういうことなのだろうか。

ひょっとすると、この種のドキュメンタリー的なリアリズムは、ヤンキー的リアリズムとは決定的な齟齬《そご》を来してしまう、ということなのだろうか？

森田真功《もりたまさのり》は「ヤンキー・マンガ・ダイジェスト」（『ヤンキー文化論序説』河出書房新社・所収）で、宮崎駿《みやざきはやお》が吉田聡《よしださとし》を評して言った「かこわれた学園生活」をキーワードとしてヤンキー漫画を論じている。つまり、ヤンキー漫画は――まさに『カメレオン』がそうであるように――終わりなき学生生活というモラトリアムを前提にしなければ成立しないという事実を指摘しているのだ。

言い換えるならヤンキー漫画とは、高校三年間という期間限定のファンタジーにほかならない。彼らのその後を描こうというのなら、それこそ『サラリーマン金太郎』的なファンタジー路線を徹底するほかはないのだ。『ウシジマくん』の批評性は、ヤンキーの存在そのものではなく、ヤンキー漫画に代表される、そのファンタジー性をターゲットにするかにみえる。アゲとファンタジーを剥奪《はくだつ》されたヤンキーは、ただの「負け犬」として描かれるほかはない。真鍋が僕たちに容赦なく突きつけるのは、ヤンキー文化なるものに僕たちがいつのまにか抱いている、曖昧《あいまい》な幻想性そのものである。

換喩的な漫画たち

四作品の検討を通じて、ヤンキー漫画の重要な本質がいくつか明らかになった。そのうち最も重要と思われるのは、ヤンキー文化というものが、その本質的な空虚ささえ暴こうとしなければ、どんな形式にも馴染《なじ》むことができる、という事実だ。パロディにしても少女漫画タッチにしても、ヤンキー的なファンタジーさえ傷つけなければ問題ない。すでにヤンキー音楽の章で指摘したことではあるが、その汎用《はんよう》性の高さは、おそらくあらゆる表現形式において有効であるはずだ。

おそらく、オタク文化との最大の違いはここにある。木尾士目『げんしけん』(講談社 参考11)がそうであるように、オタク文化はたとえおたく達の日常的なリアルが身も蓋もなく描かれようとも、そのおたく性はほとんど傷つかないからだ。

オタク文化との違いという点で言えば、そのファンタジーの形式においても大きな違いがある。すでに相田みつをや立原あゆみを例としてみてきたように、ヤンキー文化は、一切の言い訳や媒介ぬきに、いきなり「ポエム」に接続できる。しかしオタク文化にはそれが不可能だ。彼らのポエジーは、膨大な設定やセクシュアリティに関する自意識といった媒介を前提として、きわめて限られた形でしか発揮できない。このあたりは両者の「虚構性」に対する態度の違いとして説明できるだろう。

あるいはまた、『ジョジョ』の検討から見えてきたこともある。なんらかの価値観や倫理性、あるいは美意識を中核に据えた作品の場合、たとえそれが「ヤンキー漫画」という形式をとっていようとも、ヤンキー性はきわめて希薄なものになる、ということ。

以上の議論を整理しておこう。おそらくヤンキー文化の〝中核〟には「本質」と呼べるものが存在しない。これはオタク文化の中核に「本質」があると考えられることとは対照的だ（それがどんな本質であるかはここではふれない。詳しくは拙書『戦闘美少女の精神分析』ちくま文庫などを参照のこと）。

ただしこれは「本質がない」、という意味ではない。その本質は、中心ではなく周縁に、内容ではなく形式に、深層ではなく表層にしか宿り得ない、ということだ。さきほど引用した『どげせん』で言えば、「土下座に宇宙の本質をかいま見てしまう」ことが可能なのは、土下座そのものには〝本質〟などないからである。

ここで重要になってくるのが、ヤンキー文化の「換喩《かんゆ》性」である。

唐突な断定に戸惑われる方もいることだろうから、ごく簡単に「隠喩」と「換喩」の違いについて説明しておこう。いずれも比喩表現ではあるが、その機能は微妙に異なっている。

一般に、隠喩は対象の本質に注目する。たとえば「猫のように気まぐれ」とか「炎のような情熱」といった表現は隠喩的な比喩表現である。

これに対して、換喩は対象との隣接性に注目する（「似ている」ことも「隣接性」に含まれる）。たとえば「医師」を「聴診器」で示したり、「兵士」を「銃」で示すことは換喩的な表現、ということになる。

ヤンキー的な表現の領域は、こうした換喩的表現の宝庫でもある。ヤンキー漫画の主人公は「キャラ立ち」が命、といっても過言ではないが、僕の考えでは、「キャラが立つ」とは、換喩的に目立った特徴を持つことである。アトムの髪型がアトムの本質であるように、綾小路翔の本質は、あのデフォルメされまくったリーゼントなのだ。

このようなヤンキー文化の「換喩性」という特徴は、ファッションの領域においていっそう際だったものとなるだろう。次の最終章では、ファッションにおけるバッドセンスを切り口として、ヤンキー文化から天皇制に至るまで、一気呵成《かせい》に駆け抜ける予定である。

参考1　『カメレオン』　一九九〇年から九九年まで「週刊少年マガジン」に連載されたギャグ漫画。身長百三十センチの高校生・矢沢栄作が主人公。いじめられっ子だったが強運とハッタリでのし上がり暴走族の総長に。講談社漫画賞受賞。講談社コミックス刊。

参考2　『今日から俺は!!』一九八八年から九七年まで「増刊少年サンデー」「週刊少年サンデー」に連載。二人の男子高校生、三橋貴志《みつはしたかし》と伊藤真司《いとうしんじ》が主人公のヤンキーギャグ漫画。暴力性は控えめで下ネタも少なく、性描写はない。通称「今日俺」。小学館文庫刊。

参考3　『エリートヤンキー三郎』二〇〇〇年から〇五年まで「週刊ヤングマガジン」に連載。さらに続編が〇五年から一〇年まで連載され単行本は計五十一巻。極悪なヤンキーの兄二人の弟ながら、オタクで普通の高校生がのし上がる様を描く。ヤングマガジンコミックス刊。

参考4　『魁!! クロマティ高校』二〇〇〇年から〇六年まで「週刊少年マガジン」に連載。真面目で成績優秀な主人公・神山《かみやま》が、思いがけず通うことになった悪の巣窟《そうくつ》のような高校での日々を描くギャグ漫画。〇二年度に講談社漫画賞受賞。少年マガジンコミックス刊。

参考5　『本気!』一九八六年から九六年まで「週刊少年チャンピオン」に連載。主人公は千葉県にある「渚組《なぎさぐみ》」組員の白銀本気《しろがねまじ》。「もとき」と読むが「まじ」と名乗っている。少年誌ではめずらしい本格的極道漫画。エロ描写などは少ない。秋田文庫刊。

参考6　『AKB48最強考察』AKB48が、秋葉原からどうやってトップアイドルに成り得たかを検証・考察した一冊。三年分の選抜総選挙徹底考察や、ヤンキーなメディア戦略の秘密、ファンシーな握手会の意味などを探る。二〇一一年六月刊。

参考7　『ジョジョの奇妙な冒険』一九八七年から「週刊少年ジャンプ」「ウルトラジャンプ」にて今も連載中。現在はPart8が進行中で単行本は百巻を超え累計部数は七千万部以上。〇六年、文化庁による「日本のメディア芸術100選」マンガ部門で二位に。集英社文庫刊。

参考8　『どげせん』二〇一〇年より「週刊漫画ゴラク」にて連載中。主人公は平凡な中年の高校教師・瀬戸発《せとはじめ》。瀬戸の土下座を前にすると、ヤクザも食堂の頑固親父も評論家も怒りを忘れてしまう……。ニチブンコミックス刊。

参考9　『闇金ウシジマくん』二〇〇四年から「週刊ビッグコミックスピリッツ」で不定期連載中。十日五割の超暴利闇金融の経営者・丑嶋馨が主人公。一〇年には山田孝之《やまだたかゆき》主演でテレビドラマ化もされた。一一年に小学館マンガ賞受賞。ビッグコミックス刊。

参考10　『土竜の唄』二〇〇五年から「週刊ヤングサンデー」「週刊ビッグコミックスピリッツ」にて連載中。主人公は問題の多い警察官・菊川玲二《きくかわれいじ》。広域暴力団の会長を逮捕するために潜入捜査官となる……。ヤングサンデーコミックス刊。

参考11　『げんしけん』二〇〇二年から〇六年まで「月刊アフタヌーン」で連載。オタクカルチャー全般を対象とする大学サークル・現代視覚文化研究会を舞台にした青春ギャグ漫画。主人公は大学デビューの笹原完士《ささはらかんじ》。アフタヌーンKC刊。

第十一章　特攻服と古事記

ヤンキーファッションの起源

本章では、ヤンキー文化の「換喩性《かんゆ》」について、まずはファッションの側から検討してみたい。とりわけその「バッドセンス」を手がかりとして。

参考までに、手っ取り早く僕がイメージしている「ヤンキーのバッドセンス」のイメージは、たとえば「すごいヤンキーの画像ください（珍走団・レディース・DQN・厨房《ちゅうぼう》）」（http://matome.naver.jp/odai/2124841280410253792）に列挙してあるような類《たぐい》のものだ。この図像には「本物」もあれば「パロディー」もあり、実際にはヤンキーとは無関係のものまで含まれている。その意味ではいささか誇張を含んでいるのだが、まさにこの「誇張」こそがヤンキー文化の一つの柱である以上、この図像はすべて「本物」であるとみなすこともできる。

ところで、僕自身は音楽や漫画ならある程度の見通しが立てられるし、専門用語もそれなりに理解できるが、ファッションとなるとからっきしダメである。おおよその趣味の善し悪《あ》しくらいは見当がつくにしても、それ以上突っ込んだことは、用語から何からおぼつかない。ヤンキーファッションのバッドセンス性を語ろうにも、議論をうまく組み立てられない。

そこで再び参考となるのが、難波功士の『ヤンキー進化論』だ。本書はヤンキー文化そのものを中心テーマとするアカデミックな単著としては、今のところほぼ唯一のものである。とりわけそのファッション性に注目しつつ、ルーツから最新動向に至るまで、膨大な一次資料に基づいて、きわめて詳しい検討がなされている（以下、特に断りがなければ、引用はすべて本書からである）。

ちなみに本書で難波が提唱している「ヤンキーの三要件」なるものがある。

〈1〉階層的には下（と見なされがち）
〈2〉旧来型の男女性役割（概して早熟、早婚）
〈3〉ドメスティック（自国的）やネイバーフッド（地元）を志向

この要件についてさしたる異論はないが、難波自身がイギリスやアメリカの下流若者文化との比較から明かしているように、この三要件がそろえば必然的に「ヤンキー文化」がもたらされる、というものではない。それゆえ僕としては、率直に言えばこの「三要件」に対して、まったく不満がないわけではないのだ。

とはいえ難波によるヤンキーファッションの変遷の簡潔な整理は、きわめて資料的価値が高いと思われる。ひとまずは難波の導きに従いつつ、ヤンキー文化におけるバッドテイストの系譜を眺めておこう。

難波は一説に言うヤンキーの関西起源説に対して否定的である。むしろ「ヤンキー」の言葉通りに、アメリカからの影響を受けた不良文化としてとらえようとする。その根拠が、ヤンキーファッションに先立つ「スカマン」なるスタイルの存在だ。「スカマン」とは「ヨコスカマンボ族」の略称である由。

六〇年代後半から七〇年代半ばまでに流行したこのスタイルは、次のように記述されている。

「男はリーゼントでひさしをつくり、ワザとポマードできめる。女は、真っ赤な口紅が典型的で、マユは細くはね上げ、茶のシャドウはことさらに濃く。黒の下着、花柄のビキニ、ガーターでストッキングを吊《つ》るしてみたり」（今井《いまい》俊博《としひろ》『生活ファッション考』青友書房）

「スカマン」に関するほかの記述（「そり込み」や「チョーラン」まである）を眺めてみても、このスタイルが「ヤンキー」の前身であることは間違いなさそうだ。リーゼントに象徴される不良文化のスタイルに「ヨコスカ」の地名が冠されていることをみても、ヤンキーの関西発祥説はかなり分が悪い。こうした「ルーツ」の検証に基づきながら、文字通りアメリカからの影響を第一に考慮するべきであるとする難波の主張は説得力がある。

道交法改正前の七〇年代に隆盛を誇った暴走族や彼らの特攻服などは、古典的なヤンキースタイルであり、今なおパロディの対象となっている。しかし、実は七〇年代には、もう少し細かい棲《す》み分けがあったと難波は指摘する。

すなわち「遊び人の街着の一種」であるヤンキーファッションと、硬派のツッパリ系である。前者は横田《よこた》や厚木《あつぎ》の基地のアフリカ系の米兵から新宿の若者たちへと広がった、いわゆる「コンポラ」スタイル。後者は改造制服（ボンタンなど）にオールバックのスタイルが主流である。一説によると七〇年代には、ここに「サーファー」の風俗が加わっている。

これが八〇年代前半ともなれば、次のように様変わりしてくる。

「特攻服やドカジャンのほかに、暴走族に特徴的なコスチュームとしては、戦闘服、チャイナ、甚平、アロハシャツがある」（佐藤《さとう》郁哉《いくや》『暴走族のエスノグラフィー モードの叛乱《はんらん》と文化の呪縛《じゅばく》』新曜社 参考1）。当時すでに若者のファッションとは言えない甚平やアロハの選択においては、そのほどよいダサさ、かっこ悪さが「目立つ」効果につながるがゆえに重要だったのだ。これは成人式における純白の羽織袴《はおりはかま》と同じような効果をもたらす。すなわち先祖返り、ないし伝統回帰を装った逸脱というものである。この「捏造《ねつぞう》された伝統」こそはヤンキー文化の特性の一つであり、後ほどくわしく述べる。

「特攻服」の衝撃

しかし七〇年代後半といえば、やはり特筆すべきは「特攻服」の出現だろう。「Ｗｉｋｉｐｅｄｉａ」には次のようにある。「暴走族やヤンキー、右翼団体などが着用する服である。彼らのハレの日（特別な日）に着用されるほか、チーム自体のユニフォームと化している場合もある」「１９７０年代に流行した変形学生服から派生」としつつも、異説として、「大学紛争華やかなりし１９６０年代末に都内私立大学の民族派サークルが機動隊の出動服を模して製作・着用した」というものがあるという。こうしたサークルは右翼団体の指導のもと、左翼学生にゲバルトをしかけていたという。

特攻服で興味深いのは、その色や形状の「進化」ぶりだ。かつては白や黒だったものが、一九九〇年代から赤や青、あるいはピンクなどカラーバリエーションが増え、さきほどの「すごいヤンキー」図像をみても判るように、左右アシンメトリーなカラーのものまである。形状としては長ランタイプのものから、カラーバリエーションが増えると共に、セパレート式の仕様が出現するなどして多様化している。

これに加えて当て字による文字（「夜露四苦」のような）の刺繍《ししゅう》。「天上天下唯我独尊」が有名だが、たとえば漫画『疾風《かぜ》伝説 特攻《ぶっこみ》の拓』（参考2）には「暴走天使」「狂乱麗舞」「御意見無用愚連隊」「大日本狂走連合会」などの文字が使用されている。こうした文字は縁起を担いだものであったり、単なる字面のいかつさを狙った意味の分からない難読字が使われることもある。

話を戻そう。難波によれば、特攻服のルーツは関西の労働者の作業着であったという。これに機動隊の制服や、右翼団体の戦闘服も関連してくる。特攻服がヤンキーを象徴する「晴れ着」となった経緯には一つの事件、「大井《おおい》埠頭《ふとう》事件」が関係していた。

七〇年代前半、築地《つきじ》・月島《つきしま》あたりを拠点に結成された、「極悪」という暴走族チームが存在した。彼らは「集会に女性同伴禁止、リーゼント禁止（角刈りやパンチパーマが標準）、学ラン・革ジャン・戦闘服のみ着用可などを掲げ、運動部的・応援団的な上下関係の厳しさ」といった規律を持つ武闘派集団だった。一説には刺繍入り特攻服のルーツが彼らであったともいう。

「大井埠頭事件」とは、一九七七年に起こった、極悪とCRS連合という暴走族同士の大乱闘事件である。「特攻服にブーツ、短髪にマスクというファッションは一三〇〇人（しかも機動隊つき）にたった一〇〇人で突っ込む強烈なイメージとともに、全国の不良たちに徹底的に焼き付けられた。この事件以降、特攻服が暴走族の制服のようになっていった」（永江朗「暴走戦国時代クロニクル」『ワニの穴⑫アウトロー伝説』

ワニマガジン社）

「竹の子族」の出現

さて、八〇年代前半には、ヤンキーファッション史上きわめて重要な変化があった。「竹の子族」の出現である。ふたたび「Wikipedia」を参照しよう。

「竹の子族とは、野外で独特の派手な衣装でディスコサウンドにあわせて『ステップダンス』を踊るという風俗またその参加者の総称」である。「1980年代前半東京都・原宿《はらじゅく》の代々木公園横に設けられた歩行者天国でラジカセを囲み路上で踊っていた」「主に首都圏の中学・高校生で構成され、歩行者天国が開催される休祭日に原宿歩行者天国（ホコ天）に集合し、ホコ天終了時まで踊っていた」『竹の子族』の若者たちで原宿歩行者天国は溢《あふ》れかえり、そのブーム最盛期にはメンバーが2000名以上いたといわれている。／ラジカセから流す曲は主にディスコサウンドで『アラベスク』『ヴィレッジ・ピープル』『ジンギスカン』（参考3）等の80年代キャンディーポップス中心であった」

主立ったグループ名も「愛羅舞優（あいらぶゆう）」「啞朶琉斗（アダルト）」「呪浬悦賭（ジュリエット）」といった塩梅《あんばい》で、ヤンキー文化との深い親和性が容易に見て取れる。しかし、僕が注目したいのは、なんといってもその特異なファッション性である。

ふたたび「Ｗｉｋｉｐｅｄｉａ」によれば、「竹の子族」の名称の由来は、「自作以外の衣装を『ブティック・竹の子』（１９７８年オープン）で購入していたこと」であるという。

「ハッピ、和服、祭り衣装、戦国武者、平安期衣裳《いしょう》など日本的なものから素材をとり、オリエンタル・ファッションとミックスさせ、格安の値段で売る。クレージーとしか思えぬ切り返し、驚天動地の配色。……今、タケノコたちは〈竹の子〉のファッションからも飛び出し、カーテン用レースを、カッポウ着を、装飾用金ラメ生地を勝手に裁断、縫製し、着込み始めている。／彼らはいちようにいう。『バリバリに目立ちたい』と」（生江有二《なまえゆうじ》『俺たちは先生を殴った　校内暴力〈加害者〉からの証言』角川文庫）

一時期はギャラリーを含む十万人近くが「原宿ホコ天」に集まる賑《にぎ》わいを見せていたが、次第に飽きられ、あるいはローラーやバンドなどの他の多様なパフォーマンス集団に押され、竹の子族ブームは急速に下火になったとされる。

しかし、さきほどの引用にあるような、良くも悪くも節操のない形式のリミックス感覚は、ヤンキーファッションにおける新たな系譜として、昨今の奇抜な色彩の丈の短い浴衣《ゆかた》や、「ＹＯＳＡＫＯＩソーラン祭り」などのファッションに受け継がれているように思われる。

不良文化としてのヤンキー?

ところで、難波によるヤンキーファッション史は、八〇年代前半で系統的な記述が終わっている。これは実質的に「竹の子族」以降は、それまでの反復かバリエーションばかりになっていったことと無関係ではあるまい。

一通り出尽くした証拠として、八〇年代以降はパロディ的な要素が格段に多くなる。もっとも八〇年代そのものが「楽屋落ち」的な時代ではあったのだが、それはともかくとして。

まず、以前にもふれた横浜銀蝿がいる。さらに一九八三年、嘉門達夫《かもんたつお》が「ヤンキーの兄ちゃんのうた」（参考4）を発表する。難波氏によれば、「これで一気に、ヤンキーの定義が全国化した」とのことだ。一部引用してみよう。

ヤンキーの兄ちゃんはまゆ毛そる
ヤンキーの兄ちゃんはそり込みいれる
ヤンキーの兄ちゃんは短いパーマあてる
ヤンキーの兄ちゃんはカーデガン着る
ヤンキーの兄ちゃんは斜めになったメガネかける
ヤンキーの兄ちゃんはパッソルに股《また》広げて乗る

ヤンキーの兄ちゃんはウンコずわりする
ヤンキーの兄ちゃんは26くらいの足に22・5ぐらいの婦人モンのサンダルはく

この歌がいわゆる「ヤンキー的なもの」の定着を決定的なものにした、とみるのは過大評価かもしれない。しかし、いわゆる不良文化とは必ずしもつながりをもたない一般人のファッションにひそむ「ヤンキー的なもの」への視線が、すでにこの歌詞にはみてとれるのではないか。

かくして「あるあるネタ」の一つとして消費されるようになったヤンキー文化は、その様式性においては進化と革新の時代を終え、ひたすら浸透と拡散の時代を迎えるのである。すでに述べてきたようなギャル男やEXILE、あるいはJリーグやケータイ小説などに至るまで。

さて、難波はこの本の最終章で、ヤンキー文化の可能性の中心を次のように書いている。

「『額に汗して働き、とりあえず自力で食える人間たれ』という労働者階級文化のエートスが、少しでもラッズ文化ないしヤンキー文化に含まれているのであれば、それを私は肯定したいし、自分でもシェアしていたい」

この「エートス」の肯定に基づいて難波は、ヤンキーたちを「ホワイトカラーへのパーマネントな就業がきわめて難関化している現状にあって、ケンカ上等どころか徒《と》手空拳《しゅくうけん》でありながら、少々しみったれていたとしても何とか経済的に自立し、子どもを育てられる安定的収入を稼ぐ存在」とみなし、「私のそうなりたいもの、かくありたいもの」とまで述べている。

本稿ではずいぶん難波の本から引用させてもらったのだが、率直に言えばこのくだりについてだけは、少なからぬ違和感を感じてしまう。

難波はヤンキーたちの行動力や生命力を肯定的にとらえようとしているが、そうした属性は基本的にヤンキー文化とはあまり関係がない。生命力のあるオタクや行動的なマニアがいくらでも存在する以上、ここに述べられたエートスがヤンキーの専有物とは考えにくいからだ。

さらに「かくありたい」に至っては、みずからの研究対象とした後ろめたさゆえの「いつわりのへりくだり」に見えてしまう。オタクになることと同様に、ヤンキーたるにも「遺伝子」が必要だ。それを欠いたまま成長してしまったものが、いまさら対象に同一化できようはずもない。僕たち（と、あえて言うが）にあるのは観察し分析するものの資質でしかないのだ。

最初に予想したように、やはり「不良文化」と「ヤンキー文化」は分けて考える必要があるだろう。その意味で、本書が彼らの美意識のみに照準し、そのなりたちを検討するという方向性そのものは間違っていなかったように思う。

ヤンキー文化と「ケガレ」

ここからいよいよ、ヤンキー文化の「換喩性《かんゆ》」について考えてみたいと思う。前章での結論をくり返すなら、ヤンキー文化には「本質」や「起源」と呼べるものがない。その本質なるものがありうるとしても、それは中心ではなく周縁に、内容ではなく形式に、深層ではなく表層にしか宿り得ないからだ。

「隠喩」が本質的な比喩表現なら、「換喩」は隣接的な比喩表現である。例えば「リーゼント」や「特攻服」で「ヤンキー」を表現することは換喩表現である。それは「だが断る」でジョジョ（セリフは岸辺露伴だが）を表したり、「三倍」でシャアを表したりするようなものだ。

すでに勘の良い人はお気づきではないだろうか。たしかに「三倍」といえばシャアなのだが、それはシャアの本質とは何ら関係がない。ところがである。リーゼントや特攻服は、ヤンキーをあくまで換喩的に示すだけのはずなのに、あたかもそこにヤンキーの本質までが表現されてしまっている。そう感ずるのは僕だけだろうか。

前の章で僕はこう書いた。「アトムの髪型がアトムの本質であるように、綾小路翔の本質は、あのデフォルメされまくったリーゼントなのだ」と。

つまりそういうことなのだ。ヤンキーに本質を求めることが難しいのは、その本質が常に全面的に表出されてしまっているからなのである。「ホンネでぶつかる」ことを美徳とする彼らは、おのれの本質を隠蔽《いんぺい》する気などみじんもない。むしろ彼らの内面は、その髪型、そのファッションを選択した後に、事後的に発生するのである。

僕はこうしたヤンキー文化の特性が、ある意味で日本文化の「粋」であると考えている。日本文化におけるリアリズムにおいて、隠喩よりも換喩の作用が支配的であると考えるなら、それが最も凝縮されたものがヤンキー文化なのではないだろうか。

ちょっとヤンキーからは離れるが、日本文化における「換喩」作用の例として、「ケガレ」について考えてみよう。「ケガレ」は「キヨメ」とのセットにおいて、日本文化に特有の発想とされている。

良く知られているように、「ケガレ」思想は古事記の「イザナミとイザナギの神話」に由来する。国生みの後、火の神を生んで死んだイザナミを追って、イザナギが黄泉《よみ》の国に行く。そのときにイザナギは妻との約束を破り、蛆《うじ》の湧いた彼女の体を見てしまう。怒って追ってくるイザナミを、イザナギは何とか振り切り、川の水で体を清めて難を逃れる。

この話のポイントは「穢《けが》れ」が「見ること」で感染することと、「穢れ」を水で洗い落とし、清めることができるという点である。「ケガレ」と「キヨメ」の発想はここから出てくる。僕はよく子どもの「えんがちょ遊び」を連想するが、あれは大げさに言えば、タッチすることで「ケガレ」が移動し、人差し指に中指をからませて「えんがちょ切った」と言うことで「キヨメ」に変えるという発想が基本にあるのではないか。

こうしたことから、僕は「ケガレ」には「換喩的感染」という作用があると考えている。「換喩的感染」とは、そのものの本質とは無関係にそのものに接触をする、そのものに隣り合ってしまう、それだけの理由でそこで何らかの本質が移動したかのように感じてしまうという感覚のことだ。別の言い方をすれば、ある影響関係において、そのものの本質以上に〝隣り合っていること〟とか〝似ていること〟などの方が大きな意味をもつ場合、そこでは「換喩的感染」が起こっている。

じゃあ「隠喩的感染」があるのかといえば、これは普通の感染症がそうだ。感染症の〝本質〟はウイルスや細菌であり、この本質が移動しなければ感染は起こらない。また、抗生剤や抗ウイルス剤を投与することで、本質的な解決を図ることもできる。

よく言われる日本人の「遺骨へのこだわり」にも、こうした換喩的作用が及んでいる。遺体や骨に対してさしたる感慨を持たないとされる欧米人に比べ、日本人にとっては遺骨は大問題である。海外で亡くなった邦人は、遺骨が戻ってくることではじめて「帰国」したとみなされる。

僕たちは別に「骨」に人間の本質が宿っていると考えているわけではない。しかしそれでも、故人の「骨」には、故人の魂にも似た何ものかが宿っているという感覚をどうしても抱いてしまう。このように、遺骨や遺品を故人の一部のように感じてしまう感性もまた、換喩的なものなのである。

このように考えていくと、一つの結論に辿《たど》りつく。おそらく「ケガレ」そのものには、いかなる本質も存在しないのだ。「ケガレ」とは、隣り合うことや接触することにおいて連鎖的にコピーが作られていって、そのコピーがそのつど本体にとってかわってしまうような、それ自体は空虚な感覚を指しているのではないか。

換喩と言えばイザナギの禊《みそ》ぎのシーンにはほかにも興味深い点がある。穢れから生まれた神は名前に必ず「禍」という文字が入っている。その「禍」を直そうとして生まれた神は「直」という字が名前に入っている。水の底で身を清めたときに生まれた神には、「底」という字が必ず入る。

まるでダジャレのように神々が生成していく。つまりここでも、本質とはいっさい関係なしに、イザナギの身振りをそれぞれ換喩的に変換するかのように、神々が次々と生まれていくのだ。イザナギが主体的に生み出しているのではなく、彼の一連の行為から、勝手に神が生成してしまう。その意味では、古事記の神々の多くが、換喩的な生成物ともいえるのかもしれない。

そのせいかどうか、古事記に出てくる神々は、海の神（大綿津見神《おおわたつみのかみ》）、風の神（志那《しな》都比古神《つひこのかみ》)、木の神(久久能智神《くくのちのかみ》)、山の神(大山津見神《おおやまつみのかみ》)などと役割が決まっているように見えるが、こうした役割はあまり重視されていない。ギリシャ神話や北欧神話とはことなり、日本神話では神の「属性」が、その後の物語であまり展開されないのだ。例えば火の神など、イザナミの死因になったということですぐ殺されてしまうのだが、それでも人々は普通に火を使って生活している。古事記においてはどうやら、神の「属性」は神の本質とはあまり関係ないようでもある。

ところで、古事記の神々の中でもっともヤンキー的な存在は、言うまでもなくスサノヲ(建速須佐之男命《たけはやすさのおのみこと》)であろう。もはやいちいち解説はしないが、なんといってもキャラが立ちすぎている。本書で僕が開発した「本宮ひろ志テスト」という「キャラ立ち」度判定基準においてもトップクラスの成績である。

スサノヲはイザナギとイザナミの息子なのだが、亡き母を慕って泣きわめき、イザナギから追放されて高天原《たかまがはら》へと向かう。姉のアマテラスの前で身の潔白を証明したはいいが、ひどい乱暴狼藉《ろうぜき》をはたらいてアマテラスがひきこもってしまい、高天原も追放される。しかし出雲《いずも》に降りてからはヤマタノオロチを退治するなど英雄的な活躍をする。

不良だったり英雄だったりと、キャラがいまひとつ定まらないという話もあるが、もしスサノヲを「日本最古のヤンキー」と考えるなら、話は簡単だ。ヤンキーが基本的にマザコンであることはすでに何度か述べてきた。乱暴狼藉は思春期におけるちょっとしたやんちゃぶりのエピソードとして理解できよう。追放を禊ぎと考えるなら、改心した元ヤンキーがいかに英雄的に振る舞うかについては、白洲次郎からヤンキー先生に至るまで、いくらでも前例がある。

もっとも、ここで僕はなにもスサノヲ＝ヤンキー説を言いたかったわけではない。「ケガレ」の話に戻るなら、「ケガレ＋キヨメ」はワンセットの「禊ぎ」として、むしろ人間的な成長のきっかけにすらなっているのではないか、という点を指摘したいのだ。

通過儀礼や修行の一環としての「禊ぎ」（滝行など）は良く知られている。「禊ぎ選挙」なるものまであるくらいだ。たとえ悪事をはたらいて「ケガレ」を背負ったとしても、それは「キヨメ」という換喩的な操作でリセット（「禊ぎ」）することができる。それればかりか、むしろ「禊ぎ」そのものが、「ケガレ」の価値をプラスに変換する力すら持っているのではないか。

以前も指摘したように、女性はともかく男性については「元ヤンキー」「昔悪かった」「やんちゃだった過去がある」などの経歴は必ずしもマイナスにならない。むしろそうした経歴によって箔《はく》がついたりキャラが立ったりといった付加価値すら加わってくる。「ヤクザ上がりの牧師」や「ヤンキー上がりの教師」が、普通の牧師や教師以上にプレミア感があるとすれば、ここでも換喩《かんゆ》的な価値転換作用が働いている、と考えられるのだ。

光るヤンキー

次いで、ヤンキー文化における光り物の意義について考えてみよう。

第一章で指摘したとおり、ヤンキーの人々は一般に「発光体」をたいへん好む。「車に装着するブラックライトやアンダーネオン、家の外壁のイルミネーション、あるいはルミナリエ、ミレナリオ」などなど。いささか強引かもしれないが、こうした感性においても「換喩作用」がはたらいているように思われてならない。どういうことだろうか。

実は、古事記に出てくる神々もまた、よく光るのである。「神さまなんだから、そんなの当然」とお感じだろうか。もしそうなら、それはあなたが、骨の髄まで「日本人」であることの証明みたいなものだ。実はこれは、当たり前のことではない。後述するように、聖書などでは神はそうやたらと光ったりはしないものなのである。

例えば古事記上巻、スクナヒコナが帰ってしまい落胆したオオクニヌシが海岸で嘆いていると、海上を光る神が接近してくるという有名なシーンがある。

あるいは神武《じんむ》天皇の東征において、天皇を先導するヤタガラスが光る。いや、本当は古事記には光るとは書いていない。しかしこのエピソードを描いた錦絵《にしきえ》などでは、ヤタガラスは三本足の光り輝く鳥として描かれることが多い。いっぽうオリジナルでは、「光る井戸」の描写が出てくる。「光る井戸」から尾の生えた人が出てきて、神武天皇の道案内をするのだ。この人は國《くに》つ神というマイナーな神様なのだが、そうした神ですら自《おの》ずと光を放つあたりが、日本神話の特徴と言えるかもしれない。

ならば『聖書』はどうか。聖書にも発光現象はよく出てくるが、『聖書』データベースなどで調べてみると、発光現象はほぼ例外なく、唯一神の恩寵《おんちょう》や栄光のあらわれとして描写されている。使徒や天使が、自分で勝手に光ったりしないのである。発光現象はあくまでも唯一神の恩寵を受けたしるしとして起こる。すなわちそこでは「恩寵という本質」の移動が起こっているのだ。

たとえば『旧約聖書』の「出エジプト記」に、モーセの顔が光る話が出てくる。これはモーセが、神と語ったあかしに十戒の書かれた板を手にしてシナイ山から下りてきたさいのエピソードである。この時モーセの顔の皮が光を放っていたのは、神と語って恩寵を授かったがためなのである。あるいは新約聖書における「山上の変容」のエピソード。ここではキリストその人が光り輝くのだが、それもまたキリストが神の恩寵を体現しているあかしなのである。

話は一気に飛躍するが、こうした光に対する態度の違いは、現代にも受け継がれていると僕は考える。

たとえば「蛍光灯」に対する態度ひとつとっても、日本と欧米とでは大きな違いがある。

アーティストの東恩納裕一《ひがしおんなゆういち》の示唆によれば、日本人にはおなじみの「丸形蛍光管」、あれは日本でしか買えないものなのだそうだ。つまり「一般家庭向けの蛍光灯」という意味で。

蛍光灯は、欧米においては基本的に、オフィスや教室など、パブリックな場所でしか使用されない。逆に言えば蛍光灯の光というのはプライベートな空間では好ましからざるものということになる。

海外旅行でレストランなどに入ると、日本のレストランに比べて異様に暗いと感じたことはないだろうか。白熱灯がちょっとだけついていて、あとはテーブルのキャンドルくらいしかなく、全体に薄暗い空間となっている。しかし日本の場合は、けっこう高級なところでも蛍光灯が煌々《こうこう》と光っていたりする。

どちらが良いとか悪いとかという話ではない。ただ、日本の場合は一般家庭の中でも明るい蛍光灯を使いたがる傾向があり、そのニーズに応《こた》えて開発されたのがこの「丸形蛍光管」という画期的な発明だったのだ。

これは広く考えると「面光源」と「点光源」の対立と考えていいだろう。どういうことだろうか。

白熱灯などの「点光源」は、いってみれば一神教における「神の視点」のようなものである。世界における光源、すなわち「神」はただ一つであり、世界に満ちあふれる光はすべて、神という光源から発した光の反射にすぎない。

ここで光を「神の恩寵のしるし」と考えるなら、神以外の存在が勝手に光ったりしてはいけないのは当然である。光が持つ恩寵という「本質」は、あくまでもただ一つの神という主体から発せられ、対象としての世界に与えられる、という一方的な関係しか持たないからだ。

これに対して「日本的な光」というのは、しばしば点ではなくて面全体から発せられる。提灯《ちょうちん》とか行灯《あんどん》とか障子とかもそうだが、僕たちには「面光源」への偏愛がある。谷崎潤一郎《たにざきじゅんいちろう》に「陰翳《いんえい》礼讃」というエッセイがあるが、あの文章は陰影を礼讃するばかりではなく、行灯や障子を介した光の美しさの描写に多くがさかれている。これらもまた「面光源」的な光のありようである。

日本人の「面光源」への偏愛は、対象そのものを発光させたり、あるいは光そのものを実体化したいという欲望に由来すると僕は考えている。さきほども述べたように「点光源」から発する光は抽象的な本質を持っている。これに対して「面光源」への愛は、具象的な「光」に対するフェティシズム的な欲望である。いってみれば「光フェチ」だ。

僕はこうした欲望が、ヤンキーの「光り物」好きにも通じていると考えている。さらにこの嗜好《しこう》は、世界を照らすよりもまず自分が発光してしまう古事記の神々のイメージと、どこか深いところでつながっているように思われてならない。

ものみな光る、という世界においては、もはや光には何の「本質」もない。「ケガレ」が「理屈抜きでイヤなもの」であるなら、日本的な「光」とは「理屈抜きでありがたいもの」ということになるだろう。そこには「理屈」すなわち「本質」が欠けている。しかし、だからこそあらゆる場所に「感染」し、広がっていくことができるのだ。

「気合」と「いきほひ」のあいだ

ここまでヤンキーと古事記の関係にふれてきた以上、丸山眞男の言葉にも耳を傾けないわけにはいかない。それでは、丸山は何を言ったか。彼は古事記を徹底的に読み込んで、「つぎつぎになりゆくいきほひ」の歴史的オプティミズムが日本文化の古層にある、と喝破したのだ（「歴史意識の『古層』」『忠誠と反逆』ちくま学芸文庫 参考5）。

なんのこっちゃ、と思っただろうか。これは僕なりに〝翻訳〟するとこうなる。要するに「気合とアゲアゲのノリさえあれば、まあなんとかなるべ」というような話だ。

これが日本文化のいちばん深い部分でずっと受け継がれてきているということ。つまり丸山というわが国でも屈指の政治思想家が、まだヤンキーという言葉もなかった戦後間もない時期に、日本文化とヤンキー文化の深い連関をみぬいていた、ということになる。

信じられないだろうが本当の話だ。これからそれを説明する。

ここで興味深いのは、「つぎ」も「なる」も「いきほひ」も、僕がずっと述べてきた換喩性の問題に近づけて考えることができる、ということだ。

例えば、古事記にはしばしば「次」という言葉が出て来る。

丸山はこれを、「世界を、時間を追っての連続的展開というタームで語る発想の根強さ」や「血統の連続的な増殖過程」といったものの表現であると考える。

ややわかりにくいかもしれない。たとえば「永遠」という概念がある。これは基本的には欧米からの輸入概念だ。「永遠」は、過去―現在―未来という時間の区分を超えた概念でもある。いわば、僕たちの持っている日常的な時間の概念の外側にあるのが「永遠」という概念だ。だからこそ、それは「死」の隠喩にもなりうる。

しかし古事記の中に流れる時間は、そうではない。古事記の時間は「いまここ」がつぎつぎとつながっていくような時間である。この「いま↓いま↓いま↓いま……」という連続には「終わり」というものがない。そこには「永遠」という概念のかわりに、どこまでも終わることなくつながっていく「いま」のイメージがあるのだ。

古事記に「つぎ」という言葉が良く出て来るのは、生成がどこまでも次の生成につながっていくイメージであり、これは世界と時間が隣り合った状態でつながっていく「換喩《かんゆ》的時間」とも言える。

「いまここ」の連続と言えば、これはまぎれもなく、前章でふれた「かこわれた学園生活」において流れる時間にほかならないだろう。多くのヤンキー漫画が「終わりなき学生生活」というモラトリアムを前提にしていること。さらにいえば、そうした「いま」の連続性に執着する意識は、「ここ」、すなわち「地元」への執着に容易につながっていくだろう。ここに難波の指摘する「ドメスティック（自国的）やネイバーフッド（地元）を志向」の一つの原因がある。

それでは「なる」についてはどうだろうか。これは他動詞である「うむ」、「つくる」に対立する自動詞だ。古事記の神々は別の神から生まれるが、それは神が自らの意志で作ったり産んだりするとは限らない。「イザナミがスサノヲを産む」「イザナミがスサノヲをつくる」といったような、主語と述語の関係が曖昧《あいまい》なのだ。むしろイザナギが禊《みそぎ》ぎをしたら、スサノヲが勝手に「なる」ようなかたちで生まれてしまった。アマテラスもツクヨミもそんなふうにして自動的に生まれている。

だから丸山は次のように言う。「日本神話では『なる』発想の磁力が強く、『うむ』

を『なる』の方向にひきこむ傾向がある。それだけ『つくる』論理におけるような、主体への問いと目的意識性とは鮮烈に現れないわけである」（前掲書）

　さきほど神々がダジャレのように、つまり換喩的に生まれてくることについてはふれたけれど、これこそが「なる」の換喩性とも言えるだろう。さらに言えば「なる」は次の「いきほひ」とあいまって、ヤンキー美意識の過剰さをもたらすことになる。この点についてはまた後でふれる。

　さて「いきほひ」である。これは、先ほど指摘した神話的空虚そのものだ。「葦牙《あしかび》の萌《も》え騰《さか》る」生命のエネルギーから「大地・泥・砂・男女身体の具体的部分が、つぎつぎとなりゆく」という発想。丸山の表現を借りるなら、そこには世界を作り出した「神」も、起源も存在しない。あるのは「生成のエネルギー」の連続、それだけだ。

　そのエネルギーそのものをそのつどの出発点として、世界が「いくたびも噴射され、一方向的に無限進行してゆく」というイメージ。そう、「いきほひ」は意味でも象徴でもなく、空虚で純粋な推進エネルギーそのものなのだ。

起源なき美意識の連鎖

　さきほど「竹の子族」から「ＹＯＳＡＫＯＩ」に連なる、「バリバリに目立つ」ことだけを目指した、きわめて節操のないファッションのありようについてふれた。しかし、ヤンキー文化においてさらに興味深いのは、単に「目立てばいい」という自由な発想を基本としつつも、その一方で、どこか一種の様式性がつきまとっているようにみえることだ。

この点について、かつて僕は次のように書いた。少し長くなるが引用する。

「改造車にしてもガングロメイクにしても、とりあえず最初期のものは、ごく控えめな逸脱としてなされたはずである。ここで一つの基準ないし型ができる。この基準は、一種の同調圧力のもと、ヤンキー文化を共有する中間集団内部で瞬時に共有されるだろう。ここから先が重要である。中間集団は必ずしも同質集団ではないのだ。

そこでは例えば、一種の自生的な秩序として、キャラの棲《す》み分けが起こる。すなわち、メイクや改造の度合いによってキャラごとの差異化が行われる（もちろんここには「権力関係」も含まれる）。この段階で、もともとの「型」からの逸脱が一段階進む。進化した過剰さは新たな基準として中間集団内で共有され、さらなる逸脱を生み……以下同様の過程を再帰的に反復しながら、過剰さの蓄積が起こってゆく。

これはいわば「変動様式性」と呼ばれるべき美学であって、短期的には規定的判断に見えながらも、固定的な基準を欠いているため、長期的には反省的判断のようにも見える。このような曖昧さが生じるのは、この種の美的判断が、しばしば集団的かつ自生的になされるためであり、それゆえにこそわれわれは、この種の判断の向こうに普遍的な基準があるかのように錯覚させられるのである」（「ヤンキー文化と『キャラクター』」『ヤンキー文化論序説』河出書房新社）

ややわかりにくい文章だが、要するにこういうことだ。ヤンキー文化の美意識は、「逸脱」と「様式化」の繰り返しで発展してきた。つまり、周囲の仲間から目立つために突飛なスタイルを試みることが「逸脱」であり、そのスタイルが受けて流行すればそれは「様式」として定着する。その「様式」にあきたりなくなってまた「逸脱」が起こり……という過程を繰り返しながら生み出されてきたのがヤンキースタイルなのだ、ということ。

そうやって形成されるスタイルはヤンキーに限らないのではないか、という異論はあるだろう。ここで重要なことは、第一に、「逸脱」が常に「目立つ」ためになされるということだ。第二に重要なことは、どんな「逸脱」も、それがふまえている様式そのものは破壊しない、ということだ。せいぜい様式のパロディどまりである。この二つの原理があるために、あの「突飛で奇抜なのに様式的」という矛盾した印象がもたらされるのだ。

ここには「真善美」といった本質の追究はない。つまりヤンキースタイルの形成において、本質的なものの伝達はなされていない。あるのは「目立つこと」や「様式性」といった、表面的な属性だけだ。

こうした印象は、もちろん「ヤンキー」だけのものではない。僕が連想するのは、なんといっても歌舞伎『暫《しばらく》』における鎌倉権五郎景政《かまくらごんごろうかげまさ》の隈取《くまど》りと衣装だ。あるいはブルーノ・タウトに「いかもの（ニセモノ）」と軽蔑《けいべつ》された日光東照宮のキッチュさや過剰さだ。日本文化には伝統的にこうした「突飛な様式性」の例にはことかかない。

さて、「目立つこと」をめざしてなされる「逸脱」は、「いまここ」しか問題にしない。そう、「いまここで目立つこと」だけが重要なのだ。そうだとすれば、ヤンキー的美意識の変化を支えるものもまた、丸山の指摘した「つぎつぎになりゆくいきほひ」ということになる。なぜならそこにあるのは「いま↓いま↓いま↓いま……」という連続的な生成をもたらすエネルギーにほかならないのだから。同時にそれは換喩的な連続性でもある。なぜならそこで重視されるのはいかなる「本質」でもなく、徹底して表面的な特徴（目立つこと、様式性）だけなのだから。

実はこの点において、ヤンキー文化はオタク文化と意外な共通点を持っている。

いずれにおいても、模倣とパロディによる逸脱が「つぎつぎ」と新たな「様式」をもたらす、という進化の形式がみてとれる。すなわち「様式」↓「逸脱（パロディ）」↓「様式」という、あの連鎖である。

ヤンキーのバイク改造にみるような、もはやバイクの機能とは無関係になされる

「改造」の方向性は、みてきたようにバッドテイストの換喩的な連鎖のもとでなされる。

一方、オタク文化においては、まさに「萌え」キャラの変遷において、こうした傾向がみてとれる。とりわけ黎明期《れいめいき》の「ロリコン」全盛期がそうだ。七〇年代にコミケを中心に開花したパロディ文化の中で、たとえば吾妻《あづま》ひでおのような人々が、手塚治虫のようなかわいい絵柄でポルノを作ってみたら面白かろうという発想からロリコン漫画を量産した。

ところが、本来は笑いを狙っていた表現が、「萌え」という新しい欲望の形式をもたらしてしまう。かくして冗談が本気になり、パロディは様式として定着する。「萌え」への欲望が、自由でありつつもどこか様式的な美少女キャラクターのフォーマットを作っていくということ。つまりアニメ美少女の様式性と、改造バイクやデコチャリの様式性とは、かなり似たような出自を持っているのだ。いずれも「つぎつぎになりゆくいきほひ」という、換喩的な生成の連続のもとで生みだされた、という意味で。

ヤンキー文化の「バッドセンス」性は、このようにして蓄積された「フェイクとしての伝統性」や「目立つための様式性」においてきわまるのではないか。

コピーやパロディがいつの間にか本質にすり替わり、「つぎつぎになりゆくいきほひ」のもとで連鎖・生成してゆく過程。僕はここからつい、伊勢神宮の式年遷宮を連想してしまう。

三重《みえ》県伊勢市にあり「お伊勢参り」などで知られる伊勢神宮（正式には「神宮」）は、二十年ごとに建て替えられる。これを「式年遷宮（または式年造営）」と呼ぶ。定期的な建て替えの理由は、清浄さを保つためともケガレを蓄積しないためとも言われるが、いまだ定説はない。ここで興味深いのは、式年遷宮においては、元の社殿とまったく同じコピーとして新しい社殿を建築し、そちらをオリジナルとして扱うという点だ。

これについては三島由紀夫の指摘がある。

「持統帝以来五十九回に亙《わた》る二十年毎の式年造営は、いつも新たに建てられた伊勢神宮がオリジナルなのであって、オリジナルはその時点においてコピーにオリジナルの生命を託して滅びてゆき、コピー自体がオリジナルになるのである（『文化防衛論』）」

建築家の磯崎新《いそざきあらた》は、著書『始源のもどき　ジャパネスキゼーション』（鹿島出版会参考6）において、伊勢神宮―天皇制における本質の不在についてくわしく述べている。これは伊勢神宮の空虚さに、天皇制のはらむ空虚さを見て取るという、きわめてスリリングな議論だ。

磯崎によれば、神社の建物というのは要するに囲いがあってヒモロギというものがあればそれで十分なのであって、そこには「ご本尊」のような本質は一切不要であるということになる。何もない空虚であるにもかかわらず、周りにいろいろと立派な建物があるから、何かありそうな感じがするという、かなり身も蓋《ふた》もない話になっている。

起源を求めようとする思考は、隠蔽《いんぺい》による誘惑によって生じたものにすぎない。磯崎は言う。「建造物、祭祀《さいし》、歴史的成立の事実、そのすべてが〈隠されている〉ことこそがイセという問題構制の基本となるというべきなのである。イセはひとつの時点で捏造《ねつぞう》された。だから起源などない。だが、それがあったかの如くに騙《かた》ることで、誘惑が持続する」(「イセ―始源のもどき」前掲書)

式年遷宮の儀式では、あたかも見えない神に語りかけ、食物などの日常品が献上される。しかしこれは、神を招き入れるための儀式の「始源のもどき＝擬態」なのだ。これらの儀式は、まるで起源がどこかにあることを匂わせるような「様式」を持っている。しかし実際には、それは起源など存在しないという事実を隠蔽するためにとりおこなわれる、フェイクの儀式なのだ。

「始源はいかなる場合も虚構である。そこには常に始源の前に起源があるかの如き騙りがひそんでいる。起源が〝隠され〟ようとする。むしろ始源が起源を虚像のように浮かばせてしまうのだ」(前掲書)

さらに磯崎は言う。式年遷宮の反復システムは、天皇制の構造に近い、と。なぜか。伊勢神宮はオリジナルと同一のレプリカを繰り返し作り続けてきたようにみえる。

しかし実際には、そのつど不純物を取り除きながら、より純粋な形へと近づくように、再デザインされてきたのだという。この純粋さへの接近は、天皇制の継承においてもみてとれる。

「大嘗祭《だいじょうさい》によって即位する天皇の肉体は天皇霊の依代《よりしろ》であるとされ、儀礼によって、代々受け継がれている」こと、あるいは古来、天皇が即位するたびに遷都が繰り返されたこと。それは純粋形としての「日本的なもの」（すなわち「起源」）を目指してなされているようにみえる。

しかし実際には、その継承において伝えられるべき本質的な教義は存在しない。むしろ時代ごとに新しい要素を追加したり古いものを捨てたりという柔軟性すら持っている。つまりここでも「始源のもどき」としての儀式が、純粋さという名の「空虚さ」を隠すために行われているのだ。

「作務衣」における「捏造された伝統」

ここにおいてようやく、ヤンキー的な美意識と「天皇制」の接点がみえてきた。ヤンキー文化もオタク文化も、ともに「換喩《かんゆ》型の模倣文化」として、まさに〈始源のもどき〉において、より純粋な起源への誘惑を喚起するような性質を持っている。そう、それはまさに誘惑なのだ。そうでなければいったいなぜ、これほど多くの人々が、ヤンキーやオタクの起源を知りたいという欲望をいだくだろう？

磯崎はこの誘惑についても次のように述べている。

「そこで、誘惑がはじまる。これがイセにしかけられている罠《わな》であり、ナショナリズムとして、『日本的なもの』、天皇的なものに絶えず回収されていく絶妙な文化的機構として保持されているものなのである」（前掲書）

始源とはすなわち、「いまここ」のスタイルそのものなのである。そのスタイルに潜む様式性が、存在しない本質としての起源へと僕たちを誘惑するのだ。

ここまでの議論が、必ずしもわかりやすいものではないことは承知の上だ。

そこで、もう一つの補助線を引いてみようと思う。唐突だが「ラーメン屋はなぜ作《さ》務《む》衣《え》を着るのか？」という問いについて考えてみよう。

この問いは、本書においても何度も参考にさせてもらった速水健朗の近著『ラーメンと愛国』（講談社現代新書）を参考にしている。この本は、日本におけるラーメン受容の歴史を辿《たど》りつつ、戦後日本の消費文化史を概観できる名著だ。同時に本書では、なぜ最近のラーメン屋店主が藍《あい》染めのTシャツや作務衣、タオルの深巻きといったいでたちなのか、なぜ相田みつを系の人生訓やら「ラーメンポエム」を壁に張り出すのか、といった興味深い問いかけに対しても真剣に論じている。

おわかりの通り、このいでたちやポエムの問題には、明らかにヤンキー文化に通ずるものがあるのだが、速水はなぜかヤンキーのヤの字も出していない。しかし、ラーメン論だけで終わるにはあまりに惜しい論考なので、お節介にも僕が応用を試みようというわけだ。

さて、さきほどの問いにもどろう。ラーメン屋はなぜ作務衣を着るのか。

速水氏は「麺屋《めんや》武蔵《むさし》」にはじまるラーメン界の右傾化に注目する。これは一九九〇年代において「気分としてのナショナルなもの」が受け容《い》れられていった風潮と無関係ではない。香山《かやま》リカが「ぷちナショナリズム」と呼び、浅田彰《あさだあきら》が「J回帰」と呼んだその風潮は、「表層的な模像（シミュラークル）としての日本への回帰」でしかなかった。そう、ちょうどラーメン屋が伝統的ないでたちをしようとして、およそ正当性のない「作務衣」を着てしまうことと同じように（作務衣のルーツは一九九〇年代とされる）。

速水はさらに大澤真幸《おおさわまさち》のナショナリズム論を引用しながら、近年のナショナリズムが人種や民族といった結合以上に、「文化的」あるいは「趣味的」な結びつきのほうが強くなっていることを指摘する。ラーメンにおけるナショナリズムもまた、そうした「〈趣味的〉ナショナリズム」の典型なのだ。

彼らはあたかも遊技的、リアリティショー的な身振りで、「捏造された伝統」というフェイクな物語を自己演出に用いようとする。それは本質的な保守主義や愛国主義とはほとんど関係ない。しかし速水はそこに、失われてしまった「歴史や伝統を、再び取り戻そうという意思」をみてとろうとする。

速水がラーメン屋のナショナリズムにみてとったフェイクとしての伝統主義、およびその象徴としての作務衣こそ、「始源のもどき」の現代版だ。中国起源のラーメンに日本的な起源など存在しないわけだが、作務衣はそれを隠蔽するための「捏造された伝統」にほかならない。もちろんラーメン屋自身がそれを知らないわけではない。なにもかも承知の上でパロディックに伝統を演じてみせること。それがいっそう「〈趣味的〉ナショナリズム」を強化すること。この構図はそっくりそのまま、ヤンキー文化にもあてはまる。

再び、天皇とヤンキーについて

本書の冒頭で僕が提示しておいた「なぜ天皇を愛する人々はかくもヤンキーが好きなのか」という問いを覚えておいでだろうか？　「ラーメン屋の作務衣」について考えることは、そのままこの問いへの答え、あるいはそのヒントくらいは与えてくれるだろう。

「天皇」も「YOSHIKI」も、「いまここ」で「起源」にふれているという根拠のない錯覚によって、僕たちの共同体感情、もっと言えば僕たちのナルシシズム＝ナショナリズムを支えてくれる。僕たちが、ときに反発を覚えながらも、「天皇」や「ヤンキー」への関心を捨てることができないのは、ひとつにはこうした意味がある。

天皇とヤンキーとをつなぐ「つぎつぎになりゆくいきほひ」という生成の連鎖。それはほとんど無意識のレベルで、僕たちの中に浸透しきっている。速水氏が取り上げた「ラーメン屋の作務衣」もまた、そうした連鎖から生み出された突然変異だ。

さきほども磯崎説を引用しつつみてきたように、天皇家のさまざまな儀式の継承において、万世一系のごとく伝えられるべき本質的な〝教義〟など存在しない。いま執り行われている宮中祭祀《さいし》の多くは、明治期以降にはじめられたものだ。不在の本質、不在の起源を隠蔽するべく、「始源のもどき」としての繰り返されるフェイクの儀式。これこそまさに「捏造された伝統」としての「作務衣」そのもの、とまで言えば言葉が過ぎるだろうか。

ところで、こうした論じ方の一つの帰結として、「ヤンキー論とは、すなわち日本人論である」というものがありうるだろう。確かにそうした論点の可能性を否定はしない。とりわけこの国の文化的風土において、なにもかも「換喩的な変換」を施しながら「つぎつぎに」取り込んでいく強靭《きょうじん》さをみてきた後では。

しかし注意しよう。この種の「日本人論」なるものもまた、どこかに隠蔽されているはずの起源を捏造《ねつぞう》したいというナルシシスティックな誘惑に基づいている。むしろ本書で僕がしてきたことは、つまるところ「ヤンキー論の不可能性の中心」を解き明かすことだった。だとすれば、次なる課題は、そうした起源的なものを抹消しつつ、ここで指摘した換喩的文化のありようを、「日本人論」とは別の形で再度検討することになるだろう。

さて、本書で僕は、かならずしもヤンキー文化に優しい視点をとってこなかった。どちらかと言えば「くさす」「皮肉る」「からかう」といった視点をとりがちだった。おそらく近代的な視点からヤンキー文化を誠実に論ずるなら、そのすべてを肯定することは不可能だろう。そこには規範も、本質的な価値観も、系統的な教養もない。ポエムはあっても文学性はなく、自立主義はあるが個人主義はなく、おまけにバッドセンスで反知性主義ですらある。

しかしひとたび視点を変えれば、「生存戦略」としてこれほど強力な文化もない。何しろ彼らは、正統な価値観や根拠なしに、自らに気合を入れ、テンションをアゲてことにあたることができる。それどころか、彼らは場当たり的に根拠や伝統を捏造し、そのフェイクな物語性に身を委《ゆだ》ねつつ、行動を起こすことすら可能なのだ。宗教的な教養によらずにこれほど人を動員できる文化は、おそらくほかに例がない。断言するが、たとえ日本中が廃墟《はいきょ》になったとしても、真っ先に立ち上がって瓦礫《がれき》を片付けはじめるのは彼らだ。率先して子供や老人を助けようとするのも彼らだろう。震災以降、被災地での彼らの活躍ぶりはしばしば耳にする機会があった。状況を建て直し、生存し、繁殖し続けることに特化したリアリズムという点においても、ヤンキー文化の強みは突出している。

橋下徹という可能性

話変わって、僕が最近、ヤンキー文化の強さをほとほと実感したのは、まさに飛ぶ鳥を落とす勢いで支持を集めつつある橋下徹《はしもととおる》大阪《おおさか》市長（参考7）の存在に関してだった。

橋下氏は市長選当選後の記者会見で、元タレントの島田紳助《しまだしんすけ》らへの感謝を述べている。「今の自分があるのもテレビタレントとして活動できたから。感謝の念を忘れてはいけない」と。暴力団との親密交際が問題となって引退した芸能人への感謝をあえて口にするのは、世間体よりも恩義を重んずる彼なりの倫理観なのだろうか。それはともかく、今回の選挙結果についての私のいつわらざる感想は「やはりヤンキーは強かった」というものである。

これは必ずしも、橋下もまたヤンキーである、という意味ではない。確かに高校時代、少々やんちゃだったり、変形学生服を着ていたといったエピソードはあるらしいが、歴然たるヤンキー歴があるわけではない。

僕が言いたいのは、「橋下人気」と呼ばれるものの状況を支えているのが、日本人の大半を占めると言われる「ヤンキー好き」的な感性である、というほどの意味である。ほとんど同じ感性が、島田紳助の人気やお笑いブームの一翼を担っていることは疑い得ない。

いくらなんでも支持層のほとんどを「ヤンキー好き」と決めつけるのは乱暴だ、という意見もあるだろう。ならば、逆に考えてみよう。「橋下嫌い」を表明する知識人が、なぜあれほど理不尽なまでに「橋下叩《たた》き」に走ったのか。「ハシズム」という言葉が典型だが、彼らの批判の多くは枝葉末節の揚げ足取りか、せいぜい印象批判だった。僕にはこれらのバッシングが、その深層に「ヤンキー的なるもの」への嫌悪感を宿していたように思われてならないのだ。

ここで、橋下の「キャラ」について、ヤンキー文化的視点から分析を加えてみよう。

橋下のキャラは「本宮ひろ志テスト」でも96点とハイスコアを記録しており、その際だったキャラ立ちについて、もはや異論はないであろう。周知のとおり、彼はタレント時代には茶髪とサングラスをトレードマークとしていた。チャラい外見でシリアスなコメントもこなす弁護士というギャップを利用した、非常にわかりやすいキャラ立て戦略だ。まず、この方向性こそがヤンキー的なのである。

第二章で引用した荒井悠介の著書『ギャルとギャル男の文化人類学』（新潮社）にあったように、ギャル男がキャラを立てるさいの三原則は「ツヨメでチャラくてオラオラで」というものだった。

茶髪やサングラス、シルバーのネックレスなどは、弁護士にしては「ツヨメ」である。「チャラい」は性的に軽いという意味だが、橋下氏はセックス・スキャンダルとはあまり縁がない（職業柄、当然ではあるが）。そのかわり、早婚で子だくさんであるという事実、すなわち性的能力のアピールが、彼のプラス評価を支えていることは疑い得ない。

ならば「オラオラ」についてはどうか。「社会的な経歴に傷を付けない程度の反道徳的行為や態度、逮捕などの危険性が少ないグレーな仕事や知識」がそれだった。橋下の〝魅力〟もまた、こうした部分に起因している。彼が弁護士時代に、消費者金融大手「アイフル」の子会社である商工ローン企業「シティズ」の顧問弁護士だったことは広く知られている。しかしこうした「ちょい悪」ぶりこそが人々を魅了するのもまた事実だ。彼は著書でも「ルールの隙を突くこと」を積極的に推奨しており（『まっとう勝負！』小学館）、グレーゾーンの大切さを強調している。

これもすでに述べたように、日本においては、「昔悪かった」「やんちゃだった」「元ヤンキー」「元やくざ」などの経歴は、必ずしもマイナスにならない。むしろそうした経歴によって箔《はく》がついたりキャラが立ったりといった付加価値が加わってくる。僕が橋下人気とヤンキー先生こと義家弘介の人気に同質の臭いをかぎ取るのは、こうした「無害化された悪」の要素を積極的に活用したキャラ立て戦略が、両者に共通するからだ。

まだまだある。橋下徹といえば家族主義だ。その家族愛やマザコンぶりについてはつとに知られている。父親を早くに亡くし、女手一つで自分を育ててくれた母親への感謝を、橋下はしばしば口にする。七人の子育てでは完全に妻任せだが、「子供が妻に歯向かった時には、容赦なく手を上げる。自分の母親をないがしろにする子どもは許さない」(『徹底検証 橋下主義』梧桐《ごとう》書院)とのことだ。そう、ここでも「母性」は圧倒的に優位なのだ。

こうした橋下の考え方は、彼の教育観にも及んでいるように思われる。

二〇〇八年十月、私立助成減額をめぐる高校生との懇談の場で、橋下は「今の世の中は、自己責任がまず原則ですよ。誰も救ってくれない」と強調している。私立高校に通い補助を要請する高校生には「どうして公立に行かないの？」と反問している。

自立と自己責任を強調し、新自由主義的にもみえるその姿勢は、実際にはみずからの母親の子育て姿勢に学んだものとおぼしい。このような「厳格でありながら包摂的な母親」、言い換えるなら「父性を偽装する母性」への愛着が、橋下の教育観の根底にあるのではないか。彼の徹底した実益、実学志向もまた、ここに根ざしているように思われる。問題となった教育基本条例案にしても、同じような発想が透けて見える。この種の「厳格な母性」については、第九章でくわしく検討した。

問題は、こうした信念が場合によっては「反知性主義」的な暴走につながる危険性があることだ。知事時代に進めていた上方演芸資料館（ワッハ上方）の移転や国際児童文学館の統合、大阪フィルハーモニー交響楽団などへの補助金廃止といった政策に対して反対署名が寄せられたさい、橋下氏は「署名とかそんなことするんだったら、金出してくれっていうのが根本にあるんですけれどもね」と述べている。やはり文化事業の軽視ぶりは否定できないだろう。こうした反知性主義、良く言えば「実学」優先の姿勢もまた、いかにもヤンキー的ではある。

以上のような私の分析が正しければ、橋下の限界は、彼独自の理念や理想を語り得ないという点にある。

事実、僕の知る限りでは、彼はまだ自らがどのような政治を、あるいはどのような国家を理想とするかについて、きちんと語っていない。施政や国政の具体的な問題点や有効な解決策については、彼はいくらでも雄弁に語りうるだろう。しかし彼が、どのような社会を理想と考えているかについては、残念ながら聞こえてこない。

なぜ理念を、理想を語り得ないのか。そこにこそ僕は橋下の「ヤンキー性」をみる。

ヤンキーは「本質」を「起源」を語らない。それは「規範」や「理想」を語り得ないことと同じことだ。彼らは「夢から逃げるな」というが、どんな夢かは語らない。なぜか。彼らの行動の基本原理こそが、「気合を入れて生き延びること」にほかならず、その先のことは彼ら自身も知らないからだ。

しかし、近田春夫が「X JAPAN」のYOSHIKIについて述べたように（第三章）、橋下の魅力もまた「彼が何をしたいのか、どこへ行こうとしているのかがまったく分からない」ことに由来するのではないか。どこに連れていかれるかはわからないが、何かやらかしてくれそうな期待感。それこそが橋下人気の中核にある。政治不信がかつてないほど広がった現在の日本において、政治家としての「橋下徹」が突出した存在になってしまうのは当然のことなのである。

われながら予想外だったが、橋下徹について語ることが、これほどヤンキー文化の特異性について語ることになるとは思わなかった。ひょっとすると橋下徹という存在は、今後のヤンキー文化の可能性と限界をみきわめるうえで、きわめて重要なメルクマールになりうるのかもしれない。彼の向かう方向性にこそ、「ヤンキー」ならぬ「ヤンキー文化」の未来が賭《か》けられている。

もし彼が「新しい理念」を発見し、それを実現することができれば、そのときはじめてヤンキー文化は換喩《かんゆ》的生成の「呪縛《じゅばく》」を逃れ、次の次元へと進化するだろう。その進化をみたいかと言われれば微妙なところではあるが、ヤンキー文化分析のひとつの可能性を示し得たところで、ひとまず本書を終えることとしよう。

参考1　『暴走族のエスノグラフィー　モードの叛乱《はんらん》と文化の呪縛』　何故彼らは暴走するのか？　暴走族への一年にわたる参与観察から、彼らの象徴的意味を心理、社会、文化的視野から解明した一冊。

参考2　『疾風伝説　特攻の拓』　いじめられっ子だった高校一年生の浅川拓《あさかわたく》が、横浜最強チーム「外道」の鳴神秀人《なるがみひでと》と出会い成り上がっていく。佐木飛朗斗《さきひろと》原作、所十三《ところじゅうぞう》原画。ヤングマガジンコミックス刊。

参考3　『アラベスク』『ヴィレッジ・ピープル』『ジンギスカン』　アラベスクは西ドイツ出身の女性三人組。一九七八年の日本デビュー・シングル「ハロー・ミスター・モンキー」が四十万枚以上の大ヒットに。「フライディ・ナイト」「ペパーミント・ジャック」などヒットを続けた。だが本国では「哀愁のマリゴット」しかヒットせず八五年に解散。ヴィレッジ・ピープルはアメリカ人六人組。七八年に発表されたグループ最大のヒット曲「Y. M. C. A.」は、西城秀樹《さいじょうひでき》が「YOUNG MAN（Y. M. C. A.）」としてカバーし大ヒット。日本でも一躍有名に。ジンギスカンは七九年にデビューした西ドイツのミュンヘン出身の男女六人組。「ジンギスカン」や「めざせモスクワ」などが世界的に大ヒットした。

参考4　『ヤンキーの兄ちゃんのうた』一九八三年発表。関西だけで十万枚以上売れるヒットを記録。読売テレビ有線放送大賞などを受賞。

参考5　『忠誠と反逆』丸山眞男（一九一四―九六）は日本政治思想史を専攻した政治学者、思想史家。近代主義者を自称し、それまでの皇国史観とは異なる西洋哲学と社会学を土台とした学術的な日本政治思想史を論じた。東京大学名誉教授、日本学士院会員。

参考6　『始源のもどき　ジャパネスキゼーション』磯崎新（一九三一年大分県出身）はポストモダンの代表的な建築家。父は実業家で俳人の磯崎操次《そうじ》。夫人は彫刻家の宮脇《みやわき》愛子《あいこ》。九六年にはヴェネツィア・ビエンナーレ建築展金獅子賞受賞。建築設計活動のみならず活発な評論活動、芸術文化活動でも広く知られる。

参考7　一九六九年東京都出身。大阪府立北野高校の学生時代は、ラグビーで全国大会に出場し、高校日本代表候補にもなった。早稲田大学政治経済学部卒業後、司法試験に合格し、九七年より弁護士、島田紳助の司会で人気を博した番組「行列のできる法律相談所」などのテレビ出演を経て、二〇〇八年より大阪府知事。二〇一一年十月に府知事を辞任した二ヶ月後に、大阪市長に就任。

白熱ヤンキー対談　綾小路翔（氣志團）×斎藤環

斎藤　氣志團《きしだん》の音楽は「ヤンキー＋パンク・ロックでヤンク・ロック」と称されますが、ヤンキーにとってパンクはどんな意味があるんですか。

綾小路《あやのこうじ》　ヤンキーってある時代以降急速にカッコいいと思われなくなっていったんです。パンクもそれと似ていて、ある世代以降の若手ミュージシャンたちはあまりパンクの影響を語らなくなっています。その両方をカッコいいと思っていた最後の世代として、僕が発信している音楽といえばご理解いただけるでしょうか。

斎藤　なるほど。ただ、翔《しょう》さんの発言や氣志團のあり方を見ていると、パロディ要素も強いですよね。横浜銀蝿《よこはまぎんばえ》がそうだったように、ヤンキーってパロディのつもりではじめたらガチなヤンキー（ガチヤン）になってしまうケースが多いように思いますが、氣志團は、ヤンキー文化からの距離の取り方がすごく独特ですよね。

綾小路　実は僕の中のヤンキー気質は薄いんです。確かにヤンキーのど真ん中で10代を過ごしたし、周囲にいた伊達者《だてもの》のヤンキーに強い影響を受けたし、リーゼントや学ランなどのファッションには思い入れがあります。中学に入ったとき、真っ黒の学ランでキメた中3のヤンキー集団がほかから遅れてゆっくりと歩いてくるのを見て、なんてカッコいいんだ！　と思ったんです。でも、一方で昔から背伸びして『宝島』を読んでもいて……。

斎藤　それは意外ですね。当時の『宝島』はコアなサブカル誌の代表でしたよね。およそヤンキー文化とは最も縁遠い雑誌。

綾小路　そうです。そこに書いてあることが全部正しいと思っていて。しかも中学に入った年に「いかすバンド天国」の放映が始まって、世の中はバンドブームになった。僕もバンドをやって学園祭でポップにはじけたかったし、サブカル的な意味でカッコいい青春を送りたかったんだけど、そうはいかなかった。というのも、僕の同級生のヤンキーってみんな伊達者で素敵だった半面、ダンディズムの延長でめちゃくちゃストイックだったんです。学ランの背中に刺繍《ししゅう》してあるようなわかりやすいヤンキーファッションは「だせー」の一言で終わり、誰にも見えない裏地に凝ったり。喧嘩《けんか》さえ強ければよくて、ナンパで目立つことをすれば「そんな素人さんみたいなことをするんじゃねえ」って怒られて。自分のやりたいことや好みは抑えて周囲に合わせていたから、ヤンキーに対しては愛憎半ばするところがあるんです。

ヤンキーのルーツと氣志團のルーツ。

斎藤　中学時代でそれですか。ヤンキー文化のルーツのひとつに旧制高校の「バンカラ」があって、例えば本宮《もとみや》ひろ志《し》の漫画は両方の要素がうまくブレンドされていますが、そのストイックさはむしろバンカラ的ですね。たぶんそういう愛憎があるからこそヤンキーを客観的に見られるんでしょう。

綾小路　もともと観察するのは好きなんです。中学のとき、喧嘩してる仲間を見て、これじゃ自分は学年上位10人にも入れないだろうと思った。それより僕は軍師山本勘助《やまもとかんすけ》になろうと（笑）。要は、喧嘩になる前の交渉役ですね。ど真ん中にいながらも、主人公じゃないというスタンスです。

斎藤　当時から参謀を目指すあたり、早熟ですね。その視点が氣志團にもつながっているんでしょうし、DJ OZMAとか矢島《やじま》美容室のような活動にしても、翔さんの参謀的なポジションが生かされているように思います。

綾小路　本当はヤンキーとは違うおしゃれがしたかった――周りが『チャンプロード』（暴走族向けの雑誌）を読んでいるとき、僕だけは『装苑《そうえん》』読んでたくらいです。おしゃれで爽《さわ》やかな青春を送るために木更津《きさらづ》を出て、アーバンな東京ライフを送るんだって思っていました（笑）。ヤンキーはエネルギーのすべてを中学高校のわずか6年間で燃焼し尽くすんですよ。だからものすごい炎になる。だけどオレはここで燃やしきれない、みんなとの友情も楽しかったけど、ごめんオレはここで終わる人間じゃないんだって思っていました。

斎藤　最近はそういう美学もなくなって、なかなかヤンキーを卒業しませんよね。成人式がヤンキーの晴れ舞台だったり。ところで翔さんにとって、かつてのキャロルにあたるような、ヤンキーのアイコン的なバンドは何ですか。

綾小路　BOØWYとX JAPANかな。BOØWYはヤンキー感の強い氷室《ひむろ》さんとサブカル系の布袋《ほてい》さんのバランス感が絶妙だったんですよ。「ロンガー・ザン・フォーエバー」みたいな英語のフレーズに、アーバン感やとっぽさがあって、都会に憧《あこが》れていた地方都市の少年たちの心をつかんだのだと思います。僕は、解散コンサートのときにゴルチエの革ジャンを着る布袋さんの立ち位置にシンパシーを感じてましたね。

斎藤　見得を切るようなステージアクトとか、氷室さんの色気はヤンキー的ですよね。なるほど「アーバン感」か。でも翔さんが布袋さんの立ち位置っていうのはすごくよくわかります。ところでXはどうでしたか。

綾小路　僕たちの中でX、特にYOSHIKIさんはルーツがハードコア・パンクというイメージが強いんですよ。尊敬していたパンクのミュージシャンとデビュー前から共演してましたから。ヤンキーにとって、中1のときの中3、つまり「2コ上のカッコいい先輩感」は重要なんですが、Xはまさにそんな感じでしたね。やんちゃで攻撃的な音楽だし、メンバーはキャラ立ちしていて人気があって。

斎藤　パンクとメタルがヤンキーでつながった感じでしょうか。でも、それだけ憧れていたら、音楽的にも同じような方向性に進んでもよかったんじゃないですか。

綾小路　実は当初、僕自身はそこまで入れ込んでいたわけではなかったんです。誤解を恐れずに言えば、BOØWYもXも歌詞に関して、強いメッセージ性を感じなかったんですね。僕は歌詞に極端な主張を持つパンク・ロックが好きだったし、そこにサブカル志向も相まって、仲間たちが夢中になっていた中学生時代はあまり熱心になれなくて。ただ、自分でバンドを始めて、更に曲を書くようになってBOØWYやXのすごさに気づきましたね。

斎藤　歌詞に意味がないし、自己投影もメッセージ性もないので、むしろ機能的な音楽になってますよね。僕が最初に「ワン・ナイト・カーニバル」を聴いたとき、氣志團は大学を出た人たちが遊び心でやっているパロディ・バンドだと思ったんです。だって尾崎豊《おざきゆたか》の歌詞のパロディが入ってましたから。尾崎って単独行動型の「不良」でヤンキーとは違いますよね。

ダンディズム薫る、ヤンキー的ファッション美学。

綾小路　実際、氣志團のファン層にコアなヤンキーは少ないです。引用やストーリーが何層にも重ねてあるから、ピュアで裏を読んだりしないヤンキーには難解なのだと思います（笑）。それを楽しめるのはやっぱりサブカル寄りの人たちですよね。僕自身が、ヤンキーを誰よりもリスペクトしながら、どこかでヘンだなと思っているから。

斎藤　氣志團は難解なんだ（笑）。でもそれでわかりました。銀蝿にしてもなめ猫にしても、ヤンキーのパロディがガチになっちゃうのは、パロディ自体が単純だからなんでしょうね。そういう意味では氣志團は空前のメタ・ヤンキーバンドですね。ちなみにリーゼントに学ランというスタイルへのこだわりはあったんですか。

綾小路　いざ就職して東京に出たときは、ブランキー・ジェット・シティやハイ・スタンダードなどスリーピースのロックバンドの最盛期でその列に並ぶバンドたちで大混雑だったんです。彼らと同じことをやっていても確実に埋もれてしまうから、それ以外で何か誰にも負けないものがないだろうかと考えて——実家にある学ランだけは、日本一多いんじゃないかと。

斎藤　なぜそんなに（笑）。学ランのコレクターですか？

綾小路　ヤンキーの改造学生服って、代々後輩に受け継がれていたんですよ。ところが僕の2級下から制服がブレザースタイルに変わっちゃって。行き場がなくなって浮いていた制服を譲り受けるうちに学ラン30着以上、ボンタンは40～50本たまっていた。

関連の本や雑誌も気づけばたくさん揃っていて、集めたものをひもといて自分の好きなパンクと融合させようと思ったんです。

斎藤 それはすごく貴重な資料ですね。パロディやるなら、そこまで蓄積があるのが本来でしょう。今のヤンキーは軟派のイメージですが、むしろヤンキー＝硬派の不良という方向ですね。

綾小路 そうですね。当時ヤンキーはジャージを着始めて、昔のようなファッションじゃなくなっていくところでした。僕が好きだった伊達男のヤンキー文化――リーゼント、学ラン、昭和の男の心意気を21世紀に持っていこうというのが氣志團のコンセプトです。

斎藤 一般には現在のヤンキーはファッションには無頓着《むとんちゃく》な人々とみなされていますね。おっしゃるようにジャージにゴールドのネックレスとか。最近の「マイルドヤンキー」層にとっては「ユニクロ」「しまむら」が定番みたいですし。ヤンキーのファッション性を研ぎ澄ますというコンセプトには、まさに意表を突かれました。

綾小路 僕の中で氣志團はファッショナブルなグループで、衣装の学ランだけで40着もあります。モード系の人にも見てさえもらえればわかると思いますよ。以前、コム デ ギャルソンが学ランみたいな服を出したシーズンがあって、「ホラ見ろ！」って（笑）。僕にとって学ランはモードなんです。

斎藤　昔、U2のボノもライブで学生服を着ていたし、特攻服にしても三島由紀夫《みしまゆきお》の「楯《たて》の会」の制服がルーツという説もあります。やはり基本にあるのは美意識なんですね。でも、そんなに思い入れのあるものをデフォルメしてパロディにしてしまうというのは……。

綾小路　当時はメインストリームに行こうという気持ちが薄くなっていたこともあるんでしょうね。ただ、パロディにするからには中途半端ではいけない。となると、王道の背中に刺繍《ししゅう》のある学ランも着なければならない。それは、同級生の伊達者ヤンキーたちに「だせー、田舎者」とそしられるスタイルだとわかっていたので悩みました。ささやかな抵抗として、イギリスのテッズ・ファッションのエドワード・ジャケットを意識して、衣装にはメンバーのイメージカラーのパイピングを施したりしましたが。今でも衣装は全部僕が考えて、スタイルから丈まですべて決めています。ただ、僕がいちばんカッコいいと思うものを打ち出しても、ファンはもうちょっといなたくてわかりやすいものを好むみたいです。練りに練ったパロディネタも通じていないことが多かったり。こっちの思うようには伝わらないものなんですねえ（苦笑）。

ヤンキー（普通の人）が目指すべきゴールとは。

斎藤　いや本当に今日のお話は目からウロコでした。「ファッショナブルなヤンキー」

こそが究極のパロディなんですね。ぜひこれからも、ヤンキーファッションの奥深さを啓蒙《けいもう》していただきたいと思います。最後に、翔さんが今のヤンキーにこれだけは伝えたいということがあれば、聞かせてください。

綾小路　ヤンキーって全体の中でいちばん多い層、つまり普通ということですよね。裏を返せば、特別優れた能力を持たない、よくも悪くも神様に選ばれなかった人たちで、僕もその一人なんです。ただ、僕は氣志團をやることで、オレたちみたいな人間でも、頑張って知恵を使ってやっていけば、新たなゴールや結果を出せるというのを示したいんですよね。

斎藤　僕はかねがねヤンキー層の「知恵や知識よりも気合」みたいな風潮を残念に思っていたのですが、ヤンキーを極めるにも知性は必要なんですね。彼らはよく「夢をあきらめるな」と言いますが、翔さんの言われる「新たなゴール」というのは、どういうものですか？

綾小路　ヤンキーはみんな、矢沢《やざわ》さんやあゆちゃんやEXILEのヒロさんを目指すんだけど、そんな天才は1万人に1人いるかいないかで、あとは普通の人に紛れていく。大人になって、昔ツッパってた頃の思い出話だけして終わっちゃうんです。そういうの、やめない？　って言いたいんですよ。ほんの一つ、何か手を伸ばしたら、つかめるものがあるんだぜって。

斎藤　それはヤンキーがいちばん苦手かもしれない。でも、必ずしもトップを目指さなくても、参謀的なポジション、あるいは参謀の参謀みたいな形で力を発揮するチャンスはありますよね。

綾小路　大人になったヤンキーほど、自身のエンディングを見たがらないところがあります。どこかで、そんな自分に気づいてもいる。だからこそ、オレが一歩踏み出して彼らに見せられるものがあれば、と思うんですよね。オレは浜崎《はまさき》あゆみには絶対になれないけれど、本来ロックフェスの類《たぐ》いには出ないあの浜崎あゆみを、世界で唯一氣志團万博に呼ぶことができた男なんだぜって（笑）。

『VOGUE　JAPAN』二〇一四年十一月号
特集　〝ヤンキー〟、そのすばらしきルーツへの旅　より再録
構成　山本淑子

あとがき

ヤンキー論は、どこで開陳してもハズレということがない。かなり確実に面白がってもらえるネタだ。僕の専門であるひきこもりやオタクについて話すよりもヤンキー話がウケるという事実には複雑な思いもないではないが、まあそれだけ未開拓の分野なのだろう。

実際、話すべきことはいくらでもある。酒井順子氏との対談本『「性愛」格差論』（中公新書ラクレ）では、ヤンキー論にほぼ一章が割かれているし、中島岳志氏と宴席で語った際には、札幌《さっぽろ》からブームが始まったスープカレー屋とスピリチュアル系ヤンキー文化との関係について貴重な示唆をいただいた。お二人のご好意に甘えて帯のコメントまでいただいたことは感謝に堪えない。

本書にも登場する漫画家の荒木飛呂彦氏も、ヤンキーには強い関心があるようで、最新作『ジョジョリオン』の第二巻では、光栄にも僕のヤンキー論の一部が「心理テスト」として引用されている。

断片だけでもこれほど面白がってもらえるなら、彼らのバッドセンスをもう少し体系的にまとめてみる価値はあるのではないか。これが本書の主な執筆動機の一つである。

難産が多い僕の本の中では、本書はかなりスムーズに仕上がったほうだろう。メールを見返してみると、担当編集の郡司珠子さんと連載の最初の打ち合わせをしたのが二〇〇九年十二月とあるから、実質ほぼ二年半で脱稿したことになる。月刊誌『野性時代』に連載枠をもらい、隔月掲載という緩いペースで書かせてもらったことも幸いした。もっとも締め切りは一度も守れず、連載担当の三宅信哉さんにはずいぶんご苦労をかけてしまった。さらに連載期間中に東日本大震災が起こり、震災関連の仕事が一気に増えたため、加筆修正にもずいぶん時間がかかってしまった。

本文にも書いたけれど、僕が最初にヤンキーについてふれたまとまった文章は、二〇〇四年に出版された『文学の徴候』(文藝春秋)のあとがきだった。当時は僕の知る限り、不良文化としてのヤンキーに関する文献は何点かあったものの、それらは言ってみればベタな意味での社会学的分析、カルチュラル・スタディーズにとどまっていた。当時、表象文化的な視点のみからヤンキー分析を試みた文献はほかに例がなかったのだ。そう、九〇年代にナンシー関が書き遺《のこ》した、いくつかのコラムを除いては。

二〇〇八年に速水健朗『ケータイ小説的。――〝再ヤンキー化〟時代の少女たち』(原書房)が先鞭《せんべん》をつけ、二〇〇九年には五十嵐太郎編『ヤンキー文化論序説』(河出書房新社）と難波功士『ヤンキー進化論』（光文社新書）が相次いで出版され、雑誌も特集記事を組むなどして、時ならぬ〝ヤンキー再評価ブーム〟が起こりかけたが、これも残念ながら一過性だったようだ。『ヤンキー文化論序説』で都築響一《つづききょういち》氏が指摘しているように、僕を含めて現時点でヤンキー文化を論じているもの全員が、ヤンキー経験者や当事者ではない。これは確かに残念なことだ。ただ、ここにはやむを得ない事情もある。そもそも批評業界にヤンキー当事者がほとんどいないのだ。

しかし、批評というものは当事者性から一定の距離をおくか、メタレベルでなされる営みでもある。僕自身は〝真性オタク〟ですらないのだが、にもかかわらずオタクを論じた『戦闘美少女の精神分析』（ちくま文庫）は、それなりに評価され英訳もされた。その経験から言わせてもらえば、「当事者性」は批評における武器の一つではありえても、正当性の唯一の担保などではない。

加えて僕には、ヤンキー当事者がいまだ自分たちの文化を分析し批評するための言葉を獲得していないようにみえる（誤解なら申し訳ない）。オタク以上に当事者性の薄いこの領域に切り込む僕の試みは、おそらく当事者からの批判にさらされるだろう。それはそれで構わない。かりに本書が、当事者が語り始めるためのたたき台になり得たとしたら、それは本当に光栄なことだと思う。

ところで、本書ではヤンキーを特に定義していない。その理由は本文中でもすでに述べた。ヤンキーとは「ヤンキー的なスタイル」のことであって、それ以上でもそれ以下でもない。言い換えるなら、ヤンキー文化にはいかなる「本質」もないため定義は不可能であり、徹底して表層的に記述することしかできないのだ。

しかし本質に縛られないヤンキー文化には、融通無礙《むげ》という特性もある。その潜在的可能性は、いまだとうてい汲《く》み尽くすことができない。

本書の最終章を仕上げつつ、とりわけ橋下徹の分析を通じて痛感したことは、ヤンキー文化が実質的に、日本社会における反社会性の解毒装置として機能している、という事実についてだった。

わが国においては、思春期に芽生えかけた反社会性のほとんどは、ヤンキー文化に吸収される。不良が徒党を組むさいに求心力を持つのは、「ガチで気合の入った」「ハンパなく筋を通す」「喧嘩《けんか》上等」といった価値規範なのだ。しかしこれが疑似倫理的な美学であり、丸山眞男の言うところの空虚な「いきほひ」の変形でしかないことは、本書で十分に検証してきた。

こうした美学は、特攻服やよさこいソーランのような様式性をへて、フェイクの伝統主義＝ナショナリズムに帰着する。つまり、青少年の反社会性は、芽生えた瞬間にヤンキー文化に回収され、一定の様式化を経て、絆《きずな》と仲間と「伝統」を大切にする保守として成熟してゆくのである。われわれは、まったく無自覚なうちに、かくも巧妙な治安システムを手にしていたのである。

いや、治安のためばかりではない。ヤンキー文化の動員力は、被災地でも大いに活用された。郡司さんから紹介された光安純『負けんな、ヤルキキャンプ』（角川書店）という本がある。NY在住の著者が、震災を機に被災地である陸前高田《りくぜんたかた》に入って仲間を集め、無手勝流ながらノリとヤルキだけでボランティアのための家「ヤルキハウス」を建ててしまう話だ。

地元の被災者や外部から来た素性のわからない若者たちが、喧嘩やトラブルを乗り越えて一つの達成に至るには、ヤンキー文化的な「気合」や「いきほひ」なしでは無理だったろう。おそらく被災地では、こうした若者たちが歯を食いしばって復興を支えたに違いない。

このように、ヤンキー文化には二面性がつきまとう。逸脱と適応、バッドセンスと創造性、犯罪と治安、破壊と復興、などなど。語るべきことは尽きないが、それについてはまた、後の機会にゆずるとしよう。

最後に謝辞を。

速水健朗氏に。氏からは主として著作を通じてではあるが、多くの貴重な示唆をいただいた。ツイッター上でも、見沢知廉《みさわちれん》が「楯の会」の制服を暴走族に持ち込んだと書いていた、などの興味深い指摘があった。いまや僕には「楯の会」の制服が特攻服にしか見えないが、三島由紀夫のヤンキー性というテーマもいずれ語ってみたい。

赤坂真理氏に。ヤンキー文化の女性性についてヒントをくれたのは彼女だった。それればかりではない。彼女の新作『東京プリズン』（河出書房新社）は、赤坂真理の最高傑作にして、間違いなく文学史に残るであろう問題作でもある。近年、純文学と呼ばれるジャンルにおいて、これほど内在的に「政治」と対峙《たいじ》し得た作品を僕はほかに知らない。

小説のテーマは、アメリカ、母と娘、天皇、東京裁判、である。この複雑なテーマを語るに際して、「ディベートの授業」という舞台装置を持ち込んだ工夫にも舌を巻くが、天皇制とヤンキー文化の類似性という、まさに本書のテーマにも通ずる示唆がなされるなど、このシンクロぶりはただごとではない（なんと装幀《そうてい》も本書と同じ鈴木《すずき》成一《せいいち》氏である由）。本書の読者には、是非とも併読してもらいたい作品である。

近田春夫氏に。氏の音楽と文章は、青年期の私に少なからぬ影響をもたらした。その氏に帯を依頼するなど夢想だにしなかったが、郡司氏の提案であっさり実現してしまった。「マジ面白かったっす」という氏のコメントひとつで、私の苦労は完全に報われた。あらためて、この本を書いて良かった。

鈴木成一氏に。装幀については、かなり悩んだ。いかにもなヤンキー風にするのは容易だが、せっかくの批評本なので、できれば一ひねり加えたい。鈴木氏は、そうした僕の希望にぴったりのアーティストを探し出してきてくれた。「概《おおむ》ねたか」氏という新人だ。抽象とも具象ともつかない空間を浮遊する過剰さの塊。まさに、ヤンキー的空虚の象徴にふさわしい作品である。

最後に、郡司珠子氏に。「ヤンキーはアガる」の件はもとより、資料集めからコメント依頼まで、本当にお世話になりました。郡司さんの熱意がなければ、この本の実現が何年か遅れたことは間違いないと思います。被災地の医療ボランティアのために滞在中だった遠野《とおの》市でヤンキーについて語り合ったのも懐かしい思い出です。郡司さん、ありがとう。そして、お疲れさまでした。

二〇一二年六月八日　水戸市百合が丘にて　斎藤　環

文庫版あとがき

本書を出版してからというもの、僕のおかれた状況はめまぐるしく変わった。本来はひきこもりの専門家だったはずの僕が、一時期は完全にヤンキー専門家としての活動がメインになってしまったのだ。

おりしも二〇一三年から母校の筑波《つくば》大学の教員になり、同年に第十一回角川財団学芸賞を受賞したこともあって、「ヤンキーについて語りたがる妙な大学教授」というイメージが浸透したようだ。この際、本書を巡る「誤解」のいくつかについて説明しつつ、本書出版以降の状況について述べておきたい。

幸いなことに本書は、僕の本の中ではかなり広く読まれた。評価は今のところ賛否相半ばするといったところだが、これはいつものことだ。ただ、批判される原因の一つに、本書が大衆を高みから蔑視《べっし》しているとするものがあり、さすがにそれは誤解であることを強調しておきたい。

本書に限らず、僕はヤンキー的なものについて、確かに軽蔑的な表現をしているところがある。ただしそこでは、常に「我が裡《うち》なるヤンキー性」が射程に入っている。

何もこれから、過去の非行歴を公表しようという意味ではない。僕自身にもほっておけばヤンキー的な方向に流されてしまう資質があるというほどの意味だ。たとえば「気合」や「絆《きずな》」を良しとしてしまう感性は根強く残っているし、高校時代の一時期、「バンカラ」に憧《あこが》れていたこともある。母校の盛岡《もりおか》第一高等学校がそういう校風（なんと校歌が「軍艦マーチ」！）だったのだ。本宮《もとみや》ひろ志《し》の作品歴を見れば良くわかるとおり、バンカラは確実にヤンキー文化のルーツの一つである。

本書はまた、広義の「反知性主義批判」の書でもある。この分野の古典であるホフスタッター『アメリカの反知性主義』にならって言えば、『日本の反知性主義』を目指した本でもある。

これも誤解があるようなので念を押しておくが、言うまでもなく反知性主義とは「頭が悪いこと」ではない。もともとはインテリ、知識階層に対する積極的批判や軽蔑といった態度を指す言葉だ。アメリカではその背景に宗教的な要因があったとされる。すなわち初期の厳格なピューリタニズムに対抗する福音主義的な信仰復興運動だ。素朴な無知や謙遜《けんそん》こそが信仰において重視され、神の前では万人が平等であるとされた。この宗教的反知性主義が、アメリカの民主主義の基本にあるという。本書でも述べてきたとおり、日本においても反知性主義の背景に「日本神話」があり「神道」があることは間違いないだろう。

本書のあとがきにも記したが、インテリをことごとく「机上の空論」と切り捨てる橋下徹型のポピュリズムは典型的な反知性主義だ。彼こそは「地頭の良い」ヤンキー政治家の典型でもあるだろう。知能の高さと反知性主義とは簡単に両立する。簡単に言えば、彼らは「いまここ」の実践知においては圧倒的に強い。しかし長期的視野に立った政治的構想やヤンキー的知性には、その長所と同程度の限界がある。簡単に言えば、彼らは「い本質的な変革についてはきわめて弱い。橋下徹が大阪都構想をめぐる住民投票に敗れて政界引退を決断するにいたった経緯が典型だ。

ましてや原発の安全な廃炉といった数十年単位の構想については、ヤンキー的知性に委《ゆだ》ねるのはあまりにも危険すぎる。彼らは原発や放射性廃棄物についても気合で何とかなると考えているふしがある。そう考えなければ、福島第一原発の汚染水の処理すら見通しが立たない現状で、粛々と再稼働計画を進める自民党政権の姿勢はとうてい理解できない。

政治に関連して言えば、僕はこの文脈において安倍《あべ》政権をヤンキー的であると批判してきた。そうした危機感を朝日新聞の取材に応じて述べた「自民党ヤンキー論」（二〇一二年十二月二十七日付　朝日新聞朝刊）は、予想外の反響を呼んだ。

実際、自民党政権下では、二〇一三年には参院選であわや嶋大輔《しまだいすけ》擁立かという噂（幸い立ち消えになったが）に始まり、あの目も当てられない憲法改正案、最悪のタイミングでの靖国《やすくに》参拝と居直り、原発事故の処理のまずさ等々、ヤンキー性という視点からでなくては理解できないような、不可解な奇行が続きすぎた。政権発足後二年以上を過ぎても、三原《みはら》じゅん子《こ》議員が「八紘一宇《はっこういちう》」発言で顰蹙《ひんしゅく》を買うなど、相変わらずネタとしか思えないような馬脚を現し続けている。

なにゆえこれほどヤンキー的な状況が続いているのか、不思議と言えば不思議なことだ。しかし最近、僕はあることに気づいた。ヤンキー文化はきわめて持続可能性が高い。逆境やストレスを糧として、現状を維持できるような強靭《きょうじん》さ、すなわち「レジリエンス（逆境やストレスを成長に変える力）」が高いのである。

たとえばヤンキー先生が典型であるように、非行経験のある職業人が、まっとうにキャリアを重ねた職業人よりも愛される傾向には、そうした意味で根拠がある。彼らの人生の振幅の大きさは、そのままレジリエンスの高さを意味するからだ。

僕は本書で、その理由の一端に触れている。「変化する表層と不変の深層」について述べた件《くだり》だ。僕はこれを「形態の流動性と構造の同一性」と言い換えた。ヤンキー先生がそうであるように、彼らはめまぐるしく社会的地位や人間関係を取り替えながら、ヤンキー的な心性は一貫して温存している。実はここにこそ、レジリエンスの本質があると僕は考えている。これはもちろん、ヤンキー文化の長所である。

問題はこの長所が、いまのところ必然的に「反知性主義」を呼び込んでしまう点だ。

この点をブレークスルーする方法を現在模索中である。

以下、僕のこうした模索においてさまざまなヒントを与えてくれた人々への謝辞を簡単に記しておこう。

まずは角川財団関係者の方々へ。僕はこれまでこうした賞にはとんと無縁の人間だったので、学芸賞の受賞は良い意味で背中を押してもらえたという思いがある。選考委員の一人である松岡正剛《まつおかせいごう》氏とは、その後二〇一五年の一月にNHKの番組「100分de日本人論」でご一緒し、河合隼雄《かわいはやお》『中空構造日本の深層』を土台にヤンキー文化論を語り合うという貴重な機会をいただいた。また、やはり選考委員であった鹿島茂《かしましげる》氏は、本書の主張を引用しつつ「小林秀雄《こばやしひでお》ヤンキー説」を提唱されている。僕もひそかにそうではないかと疑っており、まさに我が意を得たりという感慨を覚えた。小林秀雄の文章は飛躍が多いが、気合を入れて読めばなんとなく通ずるものがある。つまり、考えるよりも感ずるための文章としてみごとなのだが、翻訳にはあまり適さない。本書の最もみごとな応用例を展開していただいた鹿島茂氏に感謝する。

「マイルドヤンキー」の命名者である博報堂の原田曜平《はらだようへい》氏とは、対談やテレビ出演などでご一緒する機会があったが、たまたま同時期にヤンキーを論じたという以外には共通点がないにもかかわらず、僕の仕事にも配慮していただき感謝している。「地方在住で上京志向のない若者＝マイルドヤンキー」という定義には批判もあったようだが、定義抜きではフィールドワークは不可能だ。原田氏にはひきつづき、エヴィデンスに基づいたマイルドヤンキー論を期待したい。

ちなみに、この「マイルドヤンキー」概念が流行して以降、巨大な消費者層としてのヤンキーに急速に注目が集まった。これには自民党以外の政党も無関心ではいられなかったようで、僕にも民主党の勉強会から講師依頼があった。詳しくは記さないが、なかなか錚々《そうそう》たるメンバーの会合で、ここでの議論には大いに触発されている。主催者である福山哲郎《ふくやまてつろう》氏に感謝する。

二〇一四年には、本書からのいわばスピンオフのような形で、対談集『ヤンキー化する日本』（角川新書）が出版された。本書で対談に応じていただいた方々、村上隆《むらかみたかし》、溝口敦《みぞぐちあつし》、與那覇潤《よなはじゅん》、デーブ・スペクター、海猫沢《うみねこざわ》めろん、隈研吾《くまけんご》（順不同、敬称略）の諸氏からは、今後のヤンキー論を展開する上での多くのヒントをいただいた。再び記して感謝したい。

本書でも言及している綾小路翔《あやのこうじしょう》氏とは、その後なんと対談の機会をいただいた。雑誌『VOGUE JAPAN』（二〇一四年十一月号）誌上で実現したその対談はこの文庫版に収録されているので是非お読みいただきたい。綾小路氏の「氣志團《きしだん》ファンにはヤンキーがいない」との発言は衝撃だった。理由は彼らのパロディが「難しすぎる」からである由。特攻服一つとっても、そのファッション性を追求せずにはいられない綾小路氏のマニアックな知性に、ヤンキー文化が目指すべき進化の方向を見る思いがした。本書への再録を快諾していただいた綾小路翔氏に感謝する。

本書のアイディアを中核として展開できた仕事としては、『ラッセンとは何だったのか？―消費とアートを越えた「先」』（フィルムアート社）と、鞆《とも》の津《つ》ミュージアムで開催された「ヤンキー人類学」展のふたつがある。

前者は私自身のかつてのラッセン愛（黒歴史とは呼ぶまい）を自己開示しつつ「わが裡《うち》なるヤンキー」を振り返る好機となった。企画と編集を担当した原田《はらだ》裕規《ゆうき》氏に感謝する。

後者の「ヤンキー人類学」展は、ヤンキー文化をアウトサイダー・アートの文脈でとらえようという画期的な展覧会だった。相田《あいだ》みつをから暴走族関連グッズのコレクション、ミニチュアのデコトラからブチ上げ改造車まで、本書で例示したヤンキー的な表現がそっくり再現された空間は感動的だった。本展については『ヤンキー人類学―突破者たちの「アート」と表現』（フィルムアート社）にも寄稿したので併読されたい。企画と展示に関わった鞆の津ミュージアムの櫛野《くしの》展正《のぶまさ》氏ほか関係者に感謝する。

本書のあとがきでもちょっと触れた荒木《あらき》飛呂《ひろ》彦《ひこ》氏は、最新作『ジョジョリオン』において、ついに「相田みつををこよなく愛するヤンキー」を登場させてくれた。あまりに感動したのでそのシーンを引用してみる。

常敏《じょうびん》「『もう安心…　あなたの顔がみえたから……』」

憲助《のりすけ》「『相田みつを』ッ再び――ッ！」

常敏&憲助「だものォォ――――ッ」（ハイタッチ）

もはや多言は要すまい。荒木氏に再びの感謝を。

文庫版に際しては、僕が今最も注目している不良漫画『ギャングース』の作画を担当する肥谷《ひや》圭介《けいすけ》氏にご協力いただいた。本書のために最高にクールなヤンキーの図像を用意してくれた肥谷氏に感謝する。

このほかにも、本書を巡っては実に多くの人から有形無形の示唆をいただいた。そのすべては記しきれなかったが、関わったすべての人に感謝したい。

最後に。今回も担当編集の郡司珠子氏にはたいへんお世話になった。もともとが彼女の発案で始まった企画でもあり、対談集や関連企画に至るまで、郡司さんの尽力なくしては実現しなかった企画も少なくない。その後も彼女の〝グイグイ来る〟編集力に寄り切られつつ、なんとかここまで辿《たど》りついた感は否めない。郡司さんの息の長い伴走に最大の感謝を捧《ささ》げたい。

二〇一五年六月一日　水戸市百合が丘にて　斎藤　環

解説

佐々木《ささき》敦《あつし》

のっけから私事で恐縮だが、私は一九六四年名古屋市生まれなのだが、記憶を遡《さかのぼ》ってみると、遅くとも高校の時には「ヤンキー」という語を耳に（口に）していた。「○○はヤンキーだから」みたいな使い方であったと思う。私が通っていたのは、学力的には中の上程度の学校だったから、素行のよろしくない生徒は結構いた。「元ヤン」というのもよく聞いたと思う。八〇年前後のことである。私は不良でもヤンキーでも優等生でも（ついでに言えばいじめっ子でもいじめられっ子でも）なかったが、ヤンキー的な同級生には何故か好かれた。彼らは髪型をリーゼントにしたり剃《そ》り込みを入れたり、学ランのカラーやボタンを派手なものに替えたり、ボンタンを穿《は》いたりして、言葉遣いは乱暴で、勉強はさっぱり出来ず、先生に反抗したり授業をサボったりしながらも、体育祭になると妙に張り切ってクラス対抗リレーの選手に立候補したりしていた。私は足が速かったので、彼らと一緒にリレーの練習をしたのも仲良くなった理由かもしれない。しかし彼らはけっして私を仲間にしようとはしなかった。たぶんこいつは違うと最初から見切られていたのだろう。時々、彼らの内の誰某《だれそれ》が、警察の補導を受けたとか、対立する高校の連中とタイマン張ったとか、そういう不穏な情報も齎《もたら》されはしたが、まあ全体としては、ヤンキーとはいえ可愛いものだったと思う。そういえばひとりだけ、先生にもクラスメイトにも、はっきりと「ヤクザになるので退学する」と告げて高校を中退していった男がいた。しかし彼は、見た目は多少そういう感じではあったものの、物腰やアティチュードはヤンキーぽくはなかった。

私の個人的な思い出話などどうでもよかろうし、そもそもなんでお前がこの文庫の解説を書いてるのだと訝《いぶか》る向きもおありだろう。実は依頼の理由は私にも謎のままなのだ（尋ねそびれたまま〆切《しめきり》になってしまった）。ともあれ、ひとまず言いたいことは、本書でも触れられていることだが、ヤンキーという特殊用語の発祥には諸説あるものの、それは一九八〇年までにはすでに日本各地で流通していたということである。記憶を探ると、最初に聞いたときは、やはり米国人を表すスラングのYANKEE、「YANKEE GO HOME!」のYANKEEと重なって聞こえたが、すぐにこれは全然違う意味で、見た目をそれらしく武装（？）した不良を意味する言葉だとわかった。そもそも米国人のYANKEEとはまったく無関係という説もあるらしいが、異人（外国人も不良も一種の異人である）をカジュアルに言い換えた言葉、みたいな意味で、YANKEEとヤンキーは関係があるのじゃないかと私は長年思っていた。

本書は「野性時代」に二〇一〇年春から二〇一一年秋まで連載され、二〇一二年六月に単行本として刊行された。発売直後から各所で話題となり、好調な売れ行きを示した。本書はそれからちょうど三年後の文庫版である。まず「ヤンキー現象」というか「ヤンキー文化にかんする言説の小ブーム」について整理しておく。本文で何度も触れられているように、本書以前に「ヤンキー」ないし「ヤンキー文化」を論じたものとしては、速水健朗《はやみずけんろう》『ケータイ小説的。——〝再ヤンキー化〟時代の少女たち』（原書房、二〇〇八年）、難波功士《なんばこうじ》『ヤンキー進化論』（光文社新書、二〇〇九年）、五十嵐《いがらし》太郎《たろう》編『ヤンキー文化論序説』（河出書房新社、同）があった。『ヤンキー文化論序説』には斎藤氏も寄稿しており、本書の前哨戦《ぜんしょうせん》と位置づけられるだろう。

では本書刊行後は、まず何と言っても姉妹編である斎藤環編『ヤンキー化する日本』（角川新書、二〇一四年）を挙げなくてはなるまい。前著（本書）の問題意識を簡潔に整理した斎藤論文「なぜ今、ヤンキーを語るのか」を巻頭に据え、村上隆《むらかみたかし》、溝口《みぞぐち》敦《あつし》、デーブ・スペクター、與那覇潤《よなはじゅん》、海猫沢《うみねこざわ》めろん、隈研吾《くまけんご》の各氏と斎藤氏の六つの対談を収めたものである。その他、書名に「ヤンキー」とあるものとしては、原田《はらだ》曜《よう》平《へい》『ヤンキー経済——消費の主役・新保守層の正体』（幻冬舎新書、二〇一四年）、熊代《くましろ》亨《とおる》『融解するオタク・サブカル・ヤンキー——ファスト風土適応論』（花伝社、同）等が出ている。

だが、特筆すべきはやはり、二〇一四年四月から七月にかけて、広島県福山市《ひろしまけんふくやまし》の鞆《とも》の津《つ》ミュージアムで開催された展覧会「ヤンキー人類学」であろう。鞆の津ミュージアムは「アール・ブリュット」＝「アウトサイダー・アート」を専門とする美術館であり、その母体は知的障害者のための福祉施設である。同展は多数の媒体で取り上げられるなど評判を呼び、カタログを兼ねた書籍『ヤンキー人類学――突破者たちの「アート」と表現』（フィルムアート社、二〇一四年）も刊行されている。そこにはデコトラ／アートトラック、デコチャリ、暴走族グッズなど展示作品や出品作家の紹介に加えて、斎藤氏を筆頭に、椹木野衣《さわらぎのい》、都築響一《つづききょういち》、石岡良治《いしおかよしはる》、増田聡《ますださとし》、飯田豊《いいだゆたか》、卯城《うしろ》竜太《りゅうた》（Chim↑Pom）等が寄稿している。斎藤、都築、飯田の三氏は前出『ヤンキー文化論序説』とも重なっており、アウトサイダー・アートとしてヤンキー文化を捉《とら》えようとする視線の系譜が、ここには垣間見《かいまみ》える。私は展覧会には行っていないが、カタログを眺めるだけでも、そのキッチュさ、過剰さ、バッドセンスさは伝わってくる。

が、しかし、本書を読み終えた方にはすでにおわかりだと思うが、この「アウトサイダーとしてのヤンキー」という枠組は、斎藤氏のヤンキー論と、微妙な、だが無視出来ない齟齬《そご》を来している。そして、そのことに著者自身も意識的なのだ。前に挙げた先行する幾つかの「ヤンキー言説」を踏まえつつも、斎藤氏のヤンキー論には際立った特徴がある。それはまず第一に、イントロダクション代わりの第一章で明確に宣言されているように、斎藤氏が「ヤンキー」と「不良」をカテゴリー的に峻別《しゅんべつ》している点にある。本書が問題にするのは、あくまでも「美学としての『ヤンキー』」であって、かつて高校生の私が付き合っていたような「不良」の一ヴァージョンとしての「ヤンキー」ではない。「美学としての」とは、言い替えるなら「理念としての」ということである。つまりそれは「ヤンキーそのもの」というより「ヤンキー的なるもの」なのであり、極端に言えば、現実にヤンキーと呼ばれていたりヤンキーの自覚(?)を持つ者たち、何をマーキングの条件とするかはともかく「ヤンキー層」と呼べるような集団とは、実のところ別個のものなのだ。

この点において、本書は他のヤンキー言説、ヤンキー論とは一線を画している。各章ごとに理路を丁寧に掘り進めながら、取り上げられる人物や作品の中に、一般的にヤンキー(的)とは思われていないような固有名詞が登場したり、自分自身はまったくヤンキーではないと明言し、ヤンキーへの違和感や時には厳しい批判をたびたび記しながらも、それと並行して幾度となく「自らの内にあるヤンキー」に言及するという一見パラドキシカルな態度は、斎藤氏が相手取っているのが、具体的な「ヤンキー」ではなく「ヤンキー的なるもの」であるからである。「不良」であれ「アール・ブリュット」であれ、「ヤンキー」を何らかの意味で「アウトサイダー」とした上で、分析したり擁護したりする姿勢と、本書のスタンスはまったく異なるものだ。

ならば「ヤンキー的なるもの」とは何なのか。本書の射程は非常に幅広く、それゆえに多方向的に散開しているところもあるが、議論の焦点は明快である。「ヤンキー的なるもの」は、丸山眞男《まるやままさお》が日本文化と日本人の歴史意識の「古層」に見出《みいだ》した「つぎつぎになりゆくいきほひ」、すなわち絶えざる「現在」の連続が突き動かす生成のありさまを、本文からそのまま引用すれば「気合とアゲアゲのノリさえあれば、まあなんとかなるべ」と書き換えた際に立ち現れる。ここで重要なのは「気合とアゲアゲのノリ」それ自体よりも、むしろ「なんとかなるべ」の方である。どういうことか。「気合が入っている」と「気合を入れる」は違う。「アガる」と「アゲる」も違う。ここで俎上《そじょう》にあげられているのは、後者なのだ。丸山の「つぎつぎになりゆくいきほひ」は、しばしば日本的な（無意識の）自動生成、自然（じねん）の説明として使われる。しかしヤンキー語に翻訳された「気合とアゲアゲのノリさえあれば、まあなんとかなるべ」には、明らかに意志的な、能動的なニュアンスが加わっている。実際、ヤンキーたちは「気合」や「アゲ」を積極的に肯定し、口に出して実践してみせる。それは、ほんとうは「つぎつぎになりゆくいきほひ」に乗せられているだけかもしれないのに、自分は「気合」や「アゲ」で行っていると思っている、ということなのだ。

本書において、斎藤氏は何度か「ヤンキー文化にはメタレベルがない」と述べている。その後の『ヤンキー化する日本』や『ヤンキー人類学』所収論文では、この見解に追補が成されているのだが、次のようなことは言えるのではないか。ヤンキー自身には基本的に「メタ」はない。だが「ベタ」はある。メタレベルから反省的に自己や自己が属する「ヤンキー」を捉える視線は持たないが、そのような反省／反射を欠いた、それゆえにすこぶる強力な自覚や矜持《きょうじ》としてのベタレベルは、むしろ他のひとびとよりも猛烈に持っているのだ。これが本書が摑《つか》み出した「ヤンキー的なるもの」の本質である。他者やシステムによって操作され、事によったら強制されているのかもしれない何ごとかを、自ら進んでやっているのだと信じ、それが求める目的へとひたぶるに邁進《まいしん》出来る心性。そのような「ヤンキー的なるもの」は、誰の中にもある。むろん私の中にも。われらの内なるヤンキー。

「つぎつぎになりゆくいきほひ」の引用元である丸山眞男の論文「歴史意識の『古層』」の初出は一九七二年である。それから数年後に「ヤンキー」という言葉は生まれてきたことになる。ここに日本ないし日本人の心性の持続と変容を見て取ることは可能だろう。だが、ここで留保を付けておかねばならない。斎藤氏自身が本書の最終章において、かくのごとき「ヤンキー論、すなわち日本人論である」に釘《くぎ》を刺しているからだ。「しかし注意しよう。この種の「日本人論」なるものもまた、どこかに隠蔽《いんぺい》されているはずの起源を捏造《ねつぞう》したいというナルシシスティックな誘惑に基づいている。むしろ本書で僕がしてきたことは、つまるところ「ヤンキー論の不可能性の中心」を解き明かすことだった」。言うまでもなく「ヤンキー論の不可能性の中心」という文言は、柄谷行人《からたにこうじん》の『マルクスその可能性の中心』（一九七八年）のもじりである。同論において、柄谷はマルクスの「彼らは意識していないがそう行う」という表現に着目している。本書が描き出す「ヤンキー」ないし「ヤンキー的なるもの」は、いわば「彼らは意識してそう行っている（と自分では思っている）」というようなことである。柄谷＝マルクスの「意識していないがそう行う」は丸山の「つぎつぎになりゆくいきほひ」と、明らかに繋《つな》がっている。これが意図的な目配せだとするならば、斎藤氏は「ヤンキー論の不可能性の中心」のみならず「日本人論の不可能性の中心」をも、暗に主張していることになるだろう。

実を言えば私はずっと、斎藤環氏も含めて、なぜ日本の名だたる論客、知識人たちが、ヤンキーでないにもかかわらず「ヤンキー論」を書きたがるのか（先に挙げた論集のそうそうたる顔ぶれ！）という素朴な疑問を抱いてきた。だが、要するにそれは、ヤンキーのメタレベルなきベタが、いわば誘惑する空虚としてメタな思考を引き寄せるということなのかもしれない。そしてヤンキー論者たちは、メタのつもりでいながら、いつの間にやら自らのベタレベルに駆動されている、ということなのではあるまいか。ヤンキー論は、なぜ不可能なのか、にもかかわらず、なぜヤンキー論はこうして書かれ、かくも読まれるのか、という問いへの答えは、おそらくここにある。

初出

なぜ「ヤンキー」か　野性時代二〇一〇年三月号
アゲと気合　野性時代二〇一〇年五月号
（「ギャル」と「ヤンキー」を改題）
シャレとマジのリアリズム　野性時代二〇一〇年七月号
（ヤンキーと音楽　を改題）
相田みつをとジャニヲタ　野性時代二〇一〇年九月号
（「ジャニーズ」におけるヤンキー性　を改題）
バッドテイストと白洲次郎　野性時代二〇一〇年十一月号
（ヤンキー文化と「アメリカの影」1　を改題）
女性性と母なるアメリカ　小説野性時代二〇一一年一月号
（ヤンキー文化と「アメリカの影」2　を改題）
ヤンキー先生と「逃げない夢」　小説野性時代二〇一一年三月号
（ヤンキーと「教育」を改題）

「金八」問題とひきこもり支援　小説野性時代二〇一一年五月号
（ヤンキーと支援の論理　を改題）

野郎どもは母性に帰る　小説野性時代二〇一一年七月号
（ヤンキーと〝母性〟を改題）

土下座とポエム　小説野性時代二〇一一年八月号
（ヤンキーと〝換喩〟1を改題）

特攻服と古事記　小説野性時代二〇一一年九月号
（ヤンキーと〝換喩〟2を改題、加筆）

単行本
二〇一二年六月小社刊

世界《せかい》が土曜《どよう》の夜《よる》の夢《ゆめ》なら

ヤンキーと精神分析《せいしんぶんせき》

斎藤《さいとう》 環《たまき》

平成27年 7月25日 初版発行
令和6年 12月15日 9版発行

発行者●山下直久

発行●株式会社KADOKAWA
〒102-8177 東京都千代田区富士見2-13-3
電話 0570-002-301(ナビダイヤル)

角川文庫 19277

印刷所●株式会社KADOKAWA
製本所●株式会社KADOKAWA

表紙画●和田三造

●お問い合わせ
https://www.kadokawa.co.jp/（「お問い合わせ」へお進みください）
※内容によっては、お答えできない場合があります。
※サポートは日本国内のみとさせていただきます。
※Japanese text only

ISBN978-4-04-103164-3 C0195